KB266842

ROSEN verified
U.S. GOVERNMENT
SEPARATION
OF POWERS
"INTELLIGENT DESIG
(the one by our founding fathers
CHURCH
STATE
Public Schools
Science goes here
A LARGE HIGH
헌법공포식
통일당 부통령 후보자
기호
리승만
대통령에

민주주의를 살리는
정치 어휘 교과서

민주주의를 살리는
정치 어휘 교과서

민주주의를 살리는 정치 어휘 교과서

초판 1쇄 펴냄 2026년 4월 10일

지은이 홍명진

펴낸이 고영은 박미숙

펴낸곳 뜨인돌출판(주) | 출판등록 1994.10.11.(제406-251002011000185호)

주소 10881 경기도 파주시 회동길 337-9

홈페이지 www.ddstone.com | 블로그 blog.naver.com/ddstone1994

페이스북 www.facebook.com/ddstone1994 | 인스타그램 @ddstone_books

대표전화 02-337-5252 | 팩스 031-947-5868

편집이사 인영아 | 외부 편집 박경수 | 디자인 이기희 이민정

마케팅 정원식 박예은 | 경영지원 김은주

© 2026 홍명진

ISBN 979-11-7599-008-1 03190

민주주의를 살리는
정치 어휘 교과서

홍명진

뜨인돌

차례

여는글 9

국가와 정치

국가 15 ⅼ 민족 19 ⅼ 정치 22 ⅼ 공화국 25

권력 28 ⅼ 공권력 31 ⅼ 혁명 35 ⅼ 쿠데타 38

계엄 43 ⅼ 국가폭력 47 ⅼ **어휘력 플러스 ❶ 전쟁 51**

정치제도

삼권분립 54 ⅼ 여당과 야당 58 ⅼ 대통령제 61

의원내각제 64 ⅼ 연방 68 ⅼ **어휘력 플러스 ❷ 정교분리 71**

정부 74 | **어휘력 플러스 ❸ 큰 정부와 작은 정부 76**

지방자치제도 79 | 사회보장제도 82 | 대의제 87 | 정당 90

국회 96 | 상원과 하원 102 | 필리버스터 105 | 청문회 108

헌법 112 | 개헌 118 | 헌법재판소 122 | 법률안(법안) 126

법치주의 130 | 사법부 132 | 특별검사제 136 | 탄핵 139

선거와 여론

선거 145 | 공약 150 | 국민투표 154

언론 158 | 어젠다 162

시민사회와 정치

국민과 시민 166 | 기본권 169 | 시위 172 | 시민혁명 176

저항권 180 | 시국선언 185 | 비정부기구 187

이념과 정치

이데올로기 192 | 진보와 보수 195 | 극우 200

민주주의 204 | 독재 209 | 전체주의 212

어휘력 플러스 ❹ 권위주의 214

사회주의, 공산주의 216 | 자유민주주의 220

자유주의, 신자유주의 224

거버넌스 231 ㅣ 정치적 무관심 234 ㅣ **어휘력 플러스 ❺ 지역감정 237**

포퓰리즘 239 ㅣ 중우정치 242 ㅣ 레임덕 245 ㅣ 정치적 올바름 247

닫는 글 253

민주주의를 살리는 십자 낱말 퍼즐 256

'정치'라는 말을 들으면 어떤 장면이 떠오르나요? TV 뉴스에 나오는 정치의 현장에는 늘 다툼과 고성이 가득하죠. 권력을 놓고 치열하게 대결하는 모습은 비정해 보여요. 서로 잡아먹고 잡아먹히는 야생의 세계 같기도 하죠. 날마다 복잡한 논쟁이 벌어지지만 우리 삶과는 동떨어진 일처럼 느껴지기도 하고요. 어차피 정치는 입시에서 중요한 과목도 아니니까, 그냥 신경 끄고 살고 싶다는 생각도 들어요.

하지만 정치를 빼고는 우리 일상에서 벌어지는 일들을 제대로 설명할 수 없어요. 어제 먹은 수입산 과일과 소고기, 지하철 파업, 입시제도 변경, 전세 가격 인상 등 우리 삶에 영향을 끼치는 온갖 사건들이 정치를 통해 결정되니까요. 어른이 되어 일자리를 찾고 집을 구하고 결혼하고 아이를 키우고 노인이 되어가는 우리의 전 생애를 생각해보세요. 정치의 영향에서 벗어나 생활하는 건 거의 불가능한 일이죠.

청소년에게 정치는 영어와 수학 못지않게 중요한 지식이에요. 우리가 공부하며 알아가는 세계에는 정치로 설명해야 할 부분이 많기 때문이죠. 게다가 우리는 앞으로 사회에서 나름의 몫을 담당하게 될 사람들입니다. 누군가는 직업적 정치인이 될 수도 있고, 정치에 영향을 미치는 시민단체 회원이나 유권자로서 나름의 역할을 할 수도 있겠죠. 정치에 대한 지식은 미래를 책임질 세대의 필수 교양입니다.

어떤 분야를 알기 위해 제일 먼저 해야 할 일은 그 분야에서 쓰이는 어휘를 익히는 것이죠. 청소년들은 정치 뉴스에서 익숙하지 않은 단어들을 종종 듣게 됩니다. 무슨 뜻인지 대충 감은 오지만 명확하게 설명하기 어려운 용어들도 많고요.

그래서 이 책을 쓰기 시작했습니다.

2024년 겨울과 2025년 봄 사이에 많은 일들이 있었습니다. 박제된 역사인 줄 알았던 계엄령이 선포되었습니다. 우리 사회의 민주주의를 송두리째 뒤엎으려는 시도였죠. 계엄령도 충격이었지만 그것을 옹호하는 목소리들이 있다는 사실에 또 충격을 받았습니다. 이후 대통령 탄핵안이 가결되는 과정에서 심각한 사회적 갈등과 혼란이 일어났습니다.

사상 초유의 법원 습격 사건도 있었습니다. 탄핵에 반대하는 사람들이 법치주의의 상징인 법원에 난입해서 난동을 부리고 기물을 파괴하는 사태가 벌어졌습니다. 부정선거 음모론을 유포하면서 선거관리위원회를 공격했고, 헌법재판소의 권위를 대놓고 무시하기도 했죠. 헌법과 국가의 권위를 정면으로 부정하는 이런 일들이 짧은 시간 동안에 와르르 일어났습니다.

민주주의는 다양한 의견들이 보장되는 사회입니다. 하지만 불법적인 계엄령이나 법원 공격 행위를 '정치적 의사 표현'으로 인정해줄 수는 없습니다. 독재를 찬양하거나, 헌법 위반을 정당화하거나, 혐오와 폭력을 조장하는 것을 '생각의 차이'로 이해해주는 것 역시 불가능합니다. 민주주의 제도와 질서를 근본적으로 파괴하는 것이니까요. 그런 극단적 사고에 빠지지 않으려면 청소년 때부터 균형 잡힌 정치의식을 차근차근 갖춰나가야 합니다.

그런 면에서 이 책이 도움이 되기를 기대해봅니다.

이 책을 통해 우선 정치의 원리와 제도를 알아보기로 해요. 권력이란 무엇이고 국가의 기초는 어떻게 생겨나는지 살펴보고, 정치의 토대인 헌법과 다양한 정치체제들을 파악해봅니다. 권력의 작동 과정에서 발생하는 혁명, 쿠데타, 전쟁에 대해서도 알아봅니다.

다음으로, 삼권분립이 어떻게 작동하고 '견제와 균형'의 원리는 왜 필요한지 고민해보겠습니다. 국가조직 외에 시민사회, 언론, 비정부단체가 정치에서 어떤 역할을 하는지도 살펴봅니다. 여러 정치 이념과 사상에 대해서도 알아보고요.

순서대로 읽지 않고 궁금한 어휘부터 읽어도 됩니다. 우선 개념과 정의를 꼼꼼히 읽고, 그것이 실제 정치에서 어떻게 살아 움직이는지 보면 이해가 훨씬 깊어질 것입니다. 이 책을 읽은 뒤 정치에 대한 여러분의 이해와 관심이 한층 자라 있기를 기대해봅니다.

공부는 스스로 생각하는 힘을 기르는 과정입니다. 정치에 관한 다양한 생각들을 읽고 생각하고 토론하면서, 남들의 얘기에 흔들리지 않는 자기만의 정치의식을 싹 틔우기 바랍니다. 뿌리가 튼튼한 싹은 쉽게 뽑히지 않습니다. 민주주의는 바로 그런 사람들에 의해 지켜지는 것입니다.

"대한민국은 민주공화국이다.
대한민국의 주권은 국민에게 있고,
모든 권력은 국민으로부터 나온다."

_대한민국 헌법 제1조

국 가 와
정
치

어휘력 플러스 ①
전쟁

국 가
민 족
쟁 치
공 화 국
권 력
공 권 력
혁 명
쿠 데 타
계 엄
국 가 폭 력

어휘력 플러스 ① | 전쟁

국 | 가

국가는 영토와 국민과 주권이 있는 단체야. 국가가 존재하려면 이 세 가지 요소가 꼭 필요하지.

그런데 흔히 국가는 그 나라를 대표하는 정부를 가리키는 경우가 많아. 예를 들어 신문에 '한일관계 악화'에 대한 기사가 나왔어. 정확히 누구와 누구의 사이가 안 좋은 걸까? 이 때는 두 나라를 대표하는 정부를 뜻하지. 정부끼리 아웅다웅해도 국민들은 여전히 서로의 나라를 여행하고 그 문화를 즐기며 교류하고 있어.

정부는 나라를 대표할 뿐 정부 자체가 곧 국가라고 할 순 없어. 정부는 정해진 임기 동안 일하다가 다른 정부로 교체되잖아. 하지만 국가는 수백, 수천 년 동안 존속하지. 비유하자면, 국밥집(국가)은 늘 그 자리에서 영업을 하는데 요리사(정부)만 계속 바뀌는 것과 비슷해.

결국 국가의 실체는 무엇보다 그 구성원들이라고 볼 수 있어. 국가는 오랜 역사를 통해 동일한 정체성을 갖고 있는 사람들의 집단이야. 한국과 일본은 과거사 문제로 종종 갈등을 겪고, 그로 인해 양국 국민 간의 감정이 나빠지기도 해. 그럴 때

“두 나라의 사이가 안 좋다”고 말한다면 이것은 한국인과 일본인을 국가 전체로 일반화한 표현이라고 할 수 있지.

그런데 어떤 나라가 망해서 국민들이 보트를 타고 망망대해를 떠돌아다닌다고 해봐. 국민은 있는데 영토가 없다면 그것은 국가가 아니야. 국가는 반드시 지리적·행정적 구역으로서 영토가 있어야 해.

영토는 있지만 주권이 없다면 그것 역시 국가가 아니지. 주권은 자기 나라를 스스로 통치할 권리를 말해. 한자로 주권(主權)은 ‘주인으로서의 권리’거든.

주권이 있는 국가는 다른 나라와 외교관계를 수립(수교)하고 대사관을 설치할 수 있어. 그리고 유엔 회원국이 되어 국제사회에서 국가로 공식 인정받게 돼. 한 나라의 주권이 미치는 공간적 범위, 즉 그 국가의 땅과 바다와 하늘을 각각 영토, 영해, 영공이라고 불러.

쿠르드족에게 주권은 해당되지 않는 얘기야. 쿠르드족은 튀르키예, 시리아, 이란, 이라크 등지에 흩어져 살고 있어. 독자적인 역사와 문화와 정체성을 지닌 민족이고 인구도 3천만 명이 넘어. 이들은 20세기 초부터 쿠르디스탄(Kurdistan)이라는 이름의 국가를 세우고 싶어 했지만, 아직 분명한 영토와 주권을 확보하지 못했기 때문에 국가라고 할 수 없지.

이스라엘과 분쟁 중인 팔레스타인도 비슷한 상황이야. 이들

보트를 타고 바다를 떠도는 보트 피플.
국민이 있어도 영토가 없으면 국가가 될 수 없다.

은 영토와 국민, 그리고 자치 정부까지 갖고 있어. 게다가 전 세계 150개국 이상이 팔레스타인을 국가로 인정하고 있어. 하지만 미국과 이스라엘 등의 강력한 반대 때문에 국제법상 완전한 국가 지위를 인정받지 못하고 있어.

이렇듯 국가를 이룬다는 건 쉬운 일이 아니야. 전 세계에 국가는 모두 몇 개일까? 2024년 기준으로 유엔 회원국가는 195개국이야. 그중 바티칸 시국과 팔레스타인은 참관 자격만 있는 '옵서버'이고 정식 국가로 인정되지는 않지.

정식 국가지만 기능을 제대로 못 하는 국가도 있어. 흔히 '파탄 국가'라 부르고, 영어 표현을 그대로 옮겨서 '실패 국가(failed state)'라고도 하지. 통치 능력을 상실한 무능한 정부 때문에 국민들은 실업, 높은 물가, 인플레이션, 식량 부족에 시달리고 있어. 다큐멘터리 〈울지 마, 톤즈〉에서 고 이태석 신부님이 선교 활동을 했던 아프리카의 남수단이 대표적인 사례야.

군대와 경찰 같은 통치기구를 제대로 갖추지 못한 중남미의 아이티 같은 나라도 있어. 온 나라가 갱단들로 무법천지가 되고 매년 수천 명의 국민들이 납치나 살해를 당해도 국가는 그들을 보호할 능력이 없지. 세우기도 어렵지만 제대로 유지하기는 더 어려운 게 바로 국가라는 조직이야.

일정한 지역에서 오랫동안 함께 생활하며 언어, 문화, 역사를 공유함으로 써 하나의 정체성을 지닌 사회집단.

민족은 인종, 언어, 문화, 역사를 공유하고 하나의 정체성을 지닌 집단이야. 우리는 '한민족(韓民族)'이란 이름의 공동체로 뭉쳐 있지. 여기서 잠깐, 혼동하기 쉬운 '민족'과 '국민'을 비교해서 살펴보자.

국가의 구성원인 국민은 법적, 행정적 개념의 정체성이야. 케냐 사람인 파투마가 자격과 요건을 갖추면 귀화 절차에 따라 한국 국적을 얻을 수 있어. 그러면 한국인으로서의 권리와 의무가 생기지.

그에 반해 민족은 혈연적, 자연적, 문화적 개념이야. 영어로 민족(nation)의 어원은 '태어나다'라는 뜻의 natio야. 우리는 태어나고 보니 이미 같은 한민족이었어. 민족은 공동의 조상, 전통, 문화, 언어, 역사, 지리적 소속을 공유하지. 케냐인 파투마가 대한민국 국적을 취득했더라도 한민족은 아니야. 용맹스럽기로 유명한 마사이족 출신이지. 민족은 한 번 그렇게 태어난 이상 바꿀 수가 없어.

국가와 민족은 서로 일치하기도 하고 그렇지 않기도 해. 중국은 후자의 경우야. 중국 인구는 약 14억 명인데, 그들은 모두

중화인민공화국의 국민이야. 하지만 중국에는 인구의 90% 이상을 차지하는 한(漢)족을 비롯해 위구르족, 만주족, 회족, 조선족 등 56개의 다양한 민족이 있지.

사실 민족이라는 개념은 생각보다 오래되진 않았어. 옛날 사람들은 스스로를 어떤 민족보다는 가문, 종족, 부족에 속해 있다고 생각했거든. 그런데 19세기에 유럽 국가들이 나폴레옹 군대에 맞서 싸우면서 처음으로 '민족 정체성'이 생겨나기 시작했어. 아시아와 아프리카 여러 나라에서는 제국주의에 맞서 해방 투쟁을 하면서 식민지 민중들을 하나로 묶어주는 민족의식이 퍼져나갔어.

미국의 정치학자 베네딕트 앤더슨은 민족을 '상상의 공동체'라고 불렀어. 그는 "민족주의는 근대국가의 시민들 사이에서 상상으로 만든 공동체를 이루어낸 국가의 기원에 관한 이야기"라고 주장했지. 민족은 필연도 아니고 운명도 아니야. 민족은 원래 실체가 없던 것인데, 정치적 배경에서 인위적으로 만든 '발명품'이라는 거야. 사람들이 스스로를 하나의 정치공동체로 규정하고 동일시하면서 '하나의 민족'이라고 믿게 된 거야.

우리 민족은 어떨까? 한민족은 반만 년의 역사와 전통을 이어왔다고 흔히 이야기하지. 그런데 만약 신라가 삼국을 통일하지 못하고 계속 나뉜 채로 지금까지 역사가 흘러왔다면 어땠을까? 오늘날 '백제 민족'에게 '신라 민족'은 중국인이나 일본인과 다를 바 없는 외국인에 불과할 거야.

민족이 인위적으로 생겨난 개념이라 해도 '하나의 민족'이라는 일체감과 민족주의는 역사적으로 강력한 영향을 끼쳤어. 세계 곳곳에서 많은 민족들이 소멸의 위기를 이겨내고 공동체를 지킬 수 있게 해주었지. 일제강점기 한반도에서도 민족주의는 식민지 백성들에게 저항 의지를 불어넣음으로써 독립을 향한 열망이 활활 타오르도록 만드는 불쏘시개 역할을 했어.

하지만 어긋난 민족주의는 때로 파괴와 재앙으로 이어지기도 해. 민족주의는 나치 독일이 2차 대전을 일으킨 원동력이 되었어. 독일 민족의 자부심과 우월감을 강조하며 국민들을 선동해 침략 전쟁에 동원했지. 또 유대인이나 슬라브족을 열등한 민족으로 규정하고 대량학살을 정당화했어.

냉전 시대에 유고슬라비아는 하나의 연방국가였어. 하지만 냉전이 끝나자 연방을 구성하고 있던 여러 민족들 사이에서 치열한 내전이 벌어졌어. 결국 7개의 나라로 쪼개졌는데, 그 과정에서 잔인한 인종 학살이 일어났지. 이렇듯 자기 민족이 가장 우월하다고 믿고 다른 민족을 배척하는 국수주의는 전쟁과 인종 학살 같은 비극을 불러오는 일이 많았어.

'다민족 국가'라고 하면 대개 중국, 미국, 캐나다, 브라질 등을 떠올리지. 그런데 의식하지 못하는 사이에 우리나라도 다민족 국가로 탈바꿈하고 있어. 경제협력개발기구(OECD)기준으로 외국인이 전체 인구의 5% 이상이면 다민족 국가로 분류돼. 우리나라도 곧 5%에 도달할 거야. 다른 민족이나 다른 인종에 대한 배타성을 버리고 국가 구성원들의 다양성을 인정하는, 더 포용적인 민족주의가 필요한 시대야.

정치

정치인이나 정치집단이 권력을 획득하기 위해, 또는 권력 유지를 위해 벌이는 모든 활동. 국민들의 인간다운 삶을 보장하고 사회적 갈등을 조정하며 사회질서를 유지하는 것을 목표로 한다.

정치(政治)의 한자 뜻을 보자. 정(政)은 잘못을 고치고 바로잡는다는 의미고, 치(治)는 다스린다는 의미야. 그러니까 곧고 올바르게 나라를 다스린다는 뜻이지.

정치라는 단어에서 우리는 자연스럽게 선거나 투표를 떠올리게 돼. 기본적으로 정치는 권력을 차지하기 위한 활동이야. 여러 정당과 정치인들이 유권자의 표를 얻어 세력을 키우고 국가를 통치하는 권력을 얻고자 하지. 그렇게 얻은 권력으로 법과 정책을 만들고 나라를 이끌어가는 것이 또한 정치야.

그러면 누가, 어떻게 다스릴까? 정치를 뜻하는 영어의 어원에서 답을 찾아보자. 정치를 뜻하는 영어 politics의 어원은 폴리스(polis)야. BC 4세기 고대 그리스인들의 도시공동체지. 그리스인들은 왕이 아닌 시민이 통치하는 공화국을 만들고, 시민들이 토론을 통해 의사결정을 했어. 그 옛날의 폴리스와 달리 지금은 국가의 구성원들이 직접 통치하지 않고, 자신들의 대표자를 뽑아서 의회로 보내지. 바로 이게 오늘날 대다수의 나라들이 채택하고 있는 민주주의 공화국의 원리야.

정치를 흔히 '희소한 자원을 배분하는 일'로 정의하기도 해. 희소한 자원이란 누구나 원하지만 공급량이 적어서 모두가 넉넉히 가질 수 없는 것들이야. 값비싼 명품이나 최신 휴대폰이 그렇고, 명문학교의 입학 정원도 한정돼 있지. 어른이 되어서는 급여가 높은 직장이나 강변이 보이는 넓은 아파트를 원하지만, 그것 역시 소수의 사람들에게만 돌아가지. 그러한 자원 배분을 공정하고 합리적으로 하는 게 정치의 일이야.

사회공동체에 속해 있는 이상 누구도 정치에서 벗어날 수 없어. 인간에게는 뭉치고 패거리를 만드는 본능이 있거든. 열댓 명만 모여도 정치적인 활동이 시작돼. 노벨 문학상을 받은 윌리엄 골딩의 『파리대왕』이라는 소설이 있어. 한 무리의 영국 소년들이 무인도에 표류하고, 리더가 된 랄프는 모두가 따라야 할 규칙을 세우고 은신처를 만들어. 그리고 지나가는 배가 볼 수 있게 구조 신호용 불을 피우고 그 불이 꺼지지 않게 돌아가며 지키게 하지.

또 다른 소년 잭도 리더로 나섰어. 잭은 다른 패거리를 이끌고 사냥을 해서 식량을 구했어. 하지만 언젠가부터 사냥 자체를 즐기고 수영을 하고 놀러 다니느라 불을 지키는 일에 소홀했지. 그 과정에서 갈등이 일어나고, 소년들은 폭력과 야만성을 드러내기도 해.

이 소설에서처럼 우리 일상에서도 작은 단위의 정치가 늘 존재하고 있어. 학급회의, 취미 동아리, 아파트 입주자 회의 등에서 우리는 리더를 세우고, 공동의 문제를 의논하고, 함께 정한 규칙으로 의사결정을 하지. 의견이 충돌하면 논쟁을 벌이거나 서로 타협하기도 해.

『파리대왕』의 소년들, 독서클럽, 통삼겹살을 좋아하는 사람들의 모임, 조기축구회, 우리 학급 등은 거대한 사회의 작은 축소판이야. 25명쯤 되는 우리 반을 200만 배 확대하면 5천만 명의 대한민국이 돼. 학교와는 비교할 수 없이 거대하고 복잡하고 정교한 정치의 세계지.

정치가 해결해야 할 일은 산더미같이 쌓여 있어. 세금을 늘려야 하나, 빈부격차를 어떻게 해소할까, 국민연금을 더 걷어야 하나, 입시제도는 어떻게 바꿀까, 전염병을 어떻게 차단할까, 최저임금은 얼마나 올릴까, 플라스틱 쓰레기는 어떻게 처리할까, 사과 값 폭등을 어떻게 막을까, 일본과의 외교 갈등을 어떻게 풀까, 의대 정원을 몇 명이나 늘릴까 등등. 삶의 구석구석에

뻗쳐 있는 온갖 문제들을 해결하는 건 정말로 고난도의 작업이야. "Yes or No" 식의 흑백논리로 정답이 뚝딱 나오지 않는 문제들도 많아.

이런 때 정치의 역할은 여러 이해 당사자들과 소통해서 최선의 타협점을 찾는 거야. 성별, 세대별, 사회경제적 계층별로 입장이 제각각인 사람들을 조화시키는 것은 수학의 고차방정식을 푸는 것처럼 어렵지. 폭넓은 지식, 예리한 분석력, 빠른 판단력, 풍부한 공감능력 등 다양한 능력이 필요하겠지. 그래서 정치를 '종합예술'이라고 불러.

주권이 국민에게 있는 나라. 왕정과 달리 국민이 선출한 대표들이 나라를 통치하는 것이 공화정이고, 공화정을 실시하는 나라가 공화국이다.

공화국은 '공공의 것'이라는 뜻의 라틴어 '레스 퍼블리카(res publica)'를 번역한 말이야. 쉽게 말해서, 왕의 나라가 아니라 여러 사람들이 함께 소유하고 통치하는 나라라는 뜻이야.

한자어 '공화(共和)'는 여럿이 함께 조화를 이룬다는 의미를 갖고 있어. 혹시 '직원 소유 기업'이라는 말을 들어본 적이 있는지? 이곳에서는 회사 주식의 대부분을 직원들이 소유하고, 회사의 중요한 의사결정에 직접 참여해. 자기 소유 회사니까 직원들은 누가 시키지 않아도 알아서 열심히 일하지. 사업이 잘되면 직원들 스스로 급여를 올릴 수도 있어. 직원이 곧 회사의 주인이라니 정말 멋진 일이지.

만약 국가가 나의 소유라면? 정확히 말해서 나와 모든 구성원들의 공동 소유라면 어떨까? 국가를 어떻게 운영할지 우리 스스로 결정할 수 있겠지? 공화국의 의미가 바로 그거야. 국가를 공동으로 소유하고 함께 운영하는 거지. 대한민국에는 5천만 인구가 있으니까 이론적으로는 이들이 대한민국의 주권을 5천만분의 1씩 나누어 갖는다고 할 수 있어. 우리 헌법은 대한민국이 민주공화국이며 나라의 주권이 국민에게 있다고 분명하게 선언하고 있으니까.

공화국의 역사는 아주 오래되었어. 로마제국 이전에 로마는 약 500년간 공화국을 유지했어. 민회, 원로원, 선거로 뽑은 집정관 등이 통치하는 나라였지. 그러다가 BC 27년에 최초의 황제 아우구스투스가 등장하면서 공화국이 무너졌어. 하지만 국가가 개인이 아닌 시민 모두의 공동 재산이고 나라의 주권이 왕이 아닌 국민에게 있다는 공화국 개념은 인류 역사 속에서 계속 이어져왔어.

앞에서 직원들이 직접 경영하는 회사의 예를 들었는데, 국가는 너무 거대해서 시민 전체가 운영할 수는 없어. 18세기 프랑스 대혁명과 미국 독립혁명을 거치면서, 선출된 지도자가 시민으로부터 권력을 위임받아 국가를 통치하는 근대적 공화국의 개념이 자리를 잡기 시작했어. 1인 또는 소수가 통치하는 왕정이나 독재가 아니라 시민이 소유하고 통치하는 나라. 지금은 전 세계 대부분의 사람들이 그것을 이상적 정치체제로 여기고 있지.

여러 국가들이 나라 이름에 '공화국'을 붙였어. 하지만 간판만 그렇게 내걸었을 뿐 실제로는 공화국이 아닌 경우도 많지. 북한의 정식 국명은 조선민주주의인민공화국이야. 북한에도 국회와 비슷한 최고인민회의가 있고, 선거와 투표 같은 형식적인 절차도 있어. 하지만 인민들이 자유롭게 주권을 행사하고 민주적인 의사결정을 하는 진정한 의미의 공화국은 아니지.

이름도 현실도 진짜 공화국인 나라는 어디일까? 프랑스의 공식 명칭은 프랑스 공화국(French Republic)이야. 1789년 프랑스 대혁명으로 왕을 몰아냈고, 1792년에 새로운 헌법에 근거한 프랑스 제1공화국이 탄생했지. 공화국 앞의 숫자는 헌법 개정에 의해 대통령 선출 방식이나 정부 형태가 바뀐 횟수를 가리켜. 현재의 프랑스는 1958년부터 이어지고 있는 제5공화국이야.

대한민국의 영어 이름인 'Republic of Korea'에도 공화국(Republic)이 들어가지. 우리 헌법 제1조는 이렇게 밝히고 있어.

프랑스처럼 우리나라도 개헌에 의해 국가의 통치체제가 바뀔 때마다 공화국에 숫자를 붙여서 구분해. 예를 들어 대통령 직선제를 간선제로 바꾸었던 박정희의 유신정권은 제3공화국, 대통령의 임기와 연임 규정을 바꾸었던 전두환 정권은 제5공화국이야. 1987년 6월 민주항쟁 이후에는 국민들의 요구에 따라 대통령 직선제로 헌법이 다시 바뀌었어. 그렇게 제6공화국이 시작되었고 지금까지 이어지고 있어. 언젠가 다시 개헌이 이루어진다면, 그때부터 제7공화국이 시작될 거야.

권 력

남을 복종시키거나 지배할 수 있는 공인된 권리와 힘. 특히 국가기관이 국민에 대하여 갖고 있는 강제력을 말한다.

권력은 '내가 원하는 것을 남이 하도록 만드는 힘'으로 정의할 수 있어. 명령, 강압, 설득 같은 여러 방식으로 권력을 드러낼 수 있지. 권력은 영어로 파워(power)야. 권력이라고 하면 추상적인 개념어로 들리지만 파워라고 하니 뭔가 힘이 느껴지고 의미가 더 쉽게 다가오지?

우리 개개인의 힘(power)은 어떤 것일까? 체력, 지적 능력, 매력적 외모, 좋은 성격 등을 들 수 있겠지. 친구들을 둘러보면 각자의 특기와 강점이 얼마나 다채로운지 알 수 있을 거야. 춤의 귀재, 노래 천재, 컴퓨터 박사, 공부벌레, 농구 대마왕 등등.

그런데 사람마다 지닌 힘의 크기가 달라. 같은 열세 살이지만 한 친구의 체격은 초등학생 같고 다른 친구는 대학생 같아. 그러면 체격과 힘의 차이 때문에 '권력관계'가 생기기도 하지. 이끄는 사람과 그걸 따르는 사람이 구분되는 거야. 부모님과 자녀 사이에도 권력관계가 있어. 부모님은 힘과 영향력을 지니고 자녀를 보살피고 훈육하지. 자녀가 휴대폰에 온종일 빠져 있으면 부모님은 처음에는 좋은 말로 타이르겠지만 나중엔 휴대폰을 압수해버리는 강제력을 동원할 수도 있지.

어른들의 세계에서 이런 권력관계는 더 선명하게 나타나. 회사에 가면 조직의 위계질서 안에서 일하게 돼. 엄격한 상사의 눈치를 보고 동료와 경쟁하며 성과를 내고 인정을 받아야 하니까. 어른들은 그것을 '사회생활'이라고 불러. 이처럼 개인들 간에는 촘촘하고 미세한 권력관계가 있어.

정치의 영역에서 권력은 종종 부정적인 어감으로 다가오곤 해. 권력 투쟁, 암투, 숙청, 암살 같은 섬뜩한 말들이 떠오르거든. 역사를 보면 권력 다툼에서 밀려나 죽는 일이 다반사였지.

오늘날 정치에서는 창검과 철퇴가 등장하지 않아 다행이지만, 권력을 쟁취하는 과정은 여전히 냉혹한 구석이 있어.

정당의 가장 큰 목표는 권력을 획득하는 거야. 식당 주인이 아침부터 오픈런이 벌어지는 대박 식당을 꿈꾸는 것처럼, 정당은 대통령을 배출해서 최고의 정치권력을 얻고자 하지. 권력이 있어야 자기들이 옳다고 믿는 목표와 가치를 이룰 수 있으니까.

정치인이 권력을 얻으려는 욕구 자체는 자연스러운 거야. 다만, 권력을 얻은 다음에는 그 권력을 사적인 욕망이 아니라 공공의 이익을 위해 사용하려는 태도가 중요해. 현대 민주주의 사회에서 권력은 국민으로부터 잠시 위임받은 것이고, 법과 절차에 따라 공정하고 투명하게 집행해야 하는 것이니까.

우리나라에서는 대통령직을 대권(大權)이라고 불러. 주권을 대표하는 최고의 통치권이지. 이 권력으로 정부를 이끌게 돼. 정부는 군대와 경찰 같은 물리적 강제력을 동원할 수 있는 유일한 조직이야. 국민의 재산과 생명을 지키기 위한 강력한 수단이지. 또한 정부는 감사원, 국가정보원, 검찰, 법원, 경찰, 국세청 등 흔히 '권력기관'이라고 불리는 조직을 통해 강력한 행정 집행을 할 수 있지.

국제관계에서 권력은 군사력, 경제력, 외교력 등으로 나타나. 우리는 알게 모르게 대한민국을 작은 나라로 여기는 경향이 있는데, 주변의 최상위 강대국들과 비교하니까 그렇지 실제로는 국제적으로 상당한 파워를 지닌 나라야. 인구가 5천만 명이 넘으면서 GDP와 군사력이 세계 10위권에 드는 나라는 사실 몇 개 없거든.

요즘엔 소프트파워 강국으로도 인정받고 있지. 하드파워가 경제력이나 군사력이라면 소프트파워는 그 나라의 문화, 전통, 가치, 신뢰 같은 매력과 호감을 뜻해. 지금의 부모님 세대가 어린 시절이던 1980~90년대만 해도 미국, 일본, 홍콩의 대중문화가 최고의 인기였어. 그때와 비교해보면 지금 한류가 전 세계에서 인기몰이를 하는 현상은 너무나 놀랍지. 아무것도 요구하거나 강제하지 않지만 나만의 매력으로 상대방의 마음을 사로잡고 자발적으로 내 편이 되게 하는 소프트파워. 대한민국이, 그리고 우리들 각자가 갖추고 싶은 그런 힘이야.

공권력은 '공적인 힘'이야. 법원, 검찰, 경찰 등과 같이 정부가 가진 힘이지. 공권력에는 공동체 구성원 모두를 복종하게 만드는 강력한 권위가 있어. 제아무리 덩치가 큰 조직폭력배라도

미국 경찰의 공권력 남용에
항의하는 시위대.
피켓에 "Black Lives Matter
(흑인 목숨도 소중하다)"라고 적혀 있다.

작은 체구의 여경이 불심검문을 하면 지시에 따라야 해. 벌금을 내라면 군말 없이 내고, 법원에서 재판에 출석하라면 순순히 응해야 하지.

뉴스를 보면 "공권력을 투입했다"는 표현이 종종 나오지. 경찰력이 동원되었다는 뜻이야. 민주화 운동이 한창이던 1970~90년대에는 시내의 거리, 광장, 대학교 교정에 전투경찰이 몰려와 최루탄을 쏘아대며 시위대를 강제로 진압하는 게 일상이었어. 요즘에도 파업이나 시위 현장에 경찰이 투입되는 일이 드물지 않아.

공권력은 왜 필요할까? 현대 국가에는 '자력구제 금지' 원칙이 있어. 자력구제는 영어로 self-help야. 식당에 가면 벽에 "물은 셀프입니다"라고 적혀 있지? 필요한 사람이 직접 떠다 마시라는 거야. 자력구제는 스스로의 힘으로, 때로 폭력적인 수단을 동원해서라도 자기 권리를 지킨다는 뜻이야. 하지만 지금은 법으로 엄격히 금지되어 있지. 범죄에 대한 심판은 오직 공권력만이 할 수 있고, 사적인 보복이나 응징은 일체 허용되지 않아.

〈악마를 보았다〉라는 영화에는 아내를 살해한 살인마를 찾아가서 복수하는 주인공이 나와. 주인공은 국정원 요원 출신이라 싸움도 잘하고 무기도 잘 다루지. 특이한 점은, 살인마를 죽지 않을 만큼만 때리고 치료비까지 주고 다음날 또 찾아와서 때리기를 반복해. 살인마에게 최대한 고통을 주려고 그랬던 거야. 관객들은 이 장면을 보며 사이다처럼 시원한 복수라고 생각해. 하지만 공권력과 사법체계가 있는 우리 사회에서 이런 영화 같은 '자력구제'를 하다가는 감옥으로 직행하게 돼.

이유는 아주 분명해. 자력구제를 허용하는 순간 이 세상에는 서로를 향한 끝없는 복수가 일어나게 돼. 그러면 언제 누구에게 공격받을지 모르는 불안하고 위험한 세상에서 살게 되겠지. 그러니까 좀 답답하더라도, 공권력에 기대어 적법한 절차를 통해 살인마를 처벌받게 해야 되는 거야.

공권력은 시민의 안전을 지켜주지만 때로 시민의 기본권과 충돌할 때가 있어. 미국에서는 흑인 용의자에 대한 경찰의 과잉 진압과 공권력 남용 사건이 자주 일어나. 2020년에는 백인 경찰관들이 조지 플로이드라는 흑인을 체포하려다 폭력적인 과잉 진압으로 숨지게 한 사건이 있었어. 그러자 이를 규탄하는 대규모 시위가 전국적으로 일어났어. 흑인 백인 할 것 없이 수많은 사람들이 함께했던 그 시위에서 참가자들이 한목소리로 외친 구호는 "흑인 목숨도 소중하다(Black Lives Matter)"였지.

우리나라는 미국처럼 과격한 사건은 드물지만, 파업이나 반정부 시위에서 충돌이 일어나 부상자가 나오는 일이 종종 있어. 2009년에 쌍용자동차 경영진이 2,600여 명에 달하는 대규모 인력 감축을 실시했고 이에 반발한 노동조합이 총파업을 벌였지. 경찰은 헬리콥터와 테러 진압 장비들을 동원해서 노동자들을 강경 진압했어. 시위 현장은 마치 전쟁터 같았고, 공권력을 과잉 사용했다는 비판이 곳곳에서 일었지.

공권력은 공동체의 안전과 자유를 지키기 위해 국민들이 정부에 부여해준 수단이야. 그러므로 알맞은 강도로 적절하게 사용하는 게 중요해.

혁 명

역사책에는 농업혁명, 종교혁명, 산업혁명, 과학혁명 같은 여러 가지 혁명이 등장해. 혁명은 이전의 질서를 뒤집고 새로운 체제와 기준을 만드는 사건이야. 지동설과 만유인력의 법칙 등을 통해 자연과 세계를 보는 새로운 관점을 만든 17세기의 과학혁명, 노동력이 아닌 기계로 대량생산하는 시대를 연 18세기의 산업혁명이 대표적인 사례지.

영어로 혁명을 뜻하는 레볼루션(revolution)은 원래 '회전'을 의미했다고 해. 천체의 회전에 대해 설명하는 코페르니쿠스의 책 제목에 쓰였던 단어인데, 그의 주장이 너무나 혁명적이어서 그때부터 그 단어에 '혁명'이라는 의미가 추가되었다는 거야.

정치에서 말하는 혁명은 한 나라의 정치체제나 통치 방식이 단번에 급격하게 바뀌는 거야. 혁명을 겪은 사회는 혁명 이전과는 근본적으로 달라지게 돼. 수십 년, 수백 년이 흐르면 세상은 어느 방향으로든 바뀌기 마련이야. 하지만 혁명적인 사건은 불과 몇 개월이나 며칠 사이에 폭풍처럼 휘몰아치지.

영국 의회가 제임스 2세를 몰아내고 절대군주제를 약화시킨 명예혁명(1688), 시민들의 힘으로 왕과 귀족의 구체제를 무너뜨린 프랑스 혁명(1789), 로마노프 왕조를 무너뜨리고 세계 최초의 공산주의 정부를 세운 러시아 혁명(1917), 팔레비 왕조를 끝장내고 이슬람 신정국가를 세운 이란 혁명(1979) 등은 세계사에서 자주 등장하는 비중 있는 혁명들이야.

혁명이란 말 자체는 가치중립적이야. 하지만 현실에 끼친 영향은 그렇지 않지. 모든 혁명은 복잡하고 다양한 역사적 평가를 받게 돼. 가령 중국의 문화혁명(1966~1976)은 엄청난 규모의 살상을 일으키며 역사를 후퇴시킨 사건이었지. 마오쩌둥이 반대세력을 몰아내고 자기 권력을 강화하려고 벌인 정치적 기획이었어. 자본주의와 전근대적 문화를 몰아낸다며 중국의 가치 있는 문화재를 모조리 파괴해버렸고, 예술가와 지식인을 포함한 수많은 사람들을 반동분자로 몰아 구타하거나 살해했어. 문화혁명 기간 동안 무려 100만여 명이 목숨을 잃었다고 해.

광화문 광장을 가득 메운 시위대.
2016년 촛불혁명 당시의 풍경이다.

　긍정적 의미에서의 혁명은 독재를 무너뜨리고 민주주의를 이루어내는 시민혁명을 가리켜. 쿠데타도 정치권력과 체제를 바꾼다는 면에서는 비슷해. 하지만 혁명은 군인들이 무력으로 일으킨 쿠데타와 달리 민중들의 지지와 참여로 정당성을 획득하는 사건이지. 우리 현대사의 가장 중요한 사건 중 하나로 꼽히는 1960년의 4.19 혁명이 바로 그런 경우야.

　그때 학생과 시민들은 이승만 정부의 독재와 부정선거에 반발해 시위에 나섰어. 정부는 시민들을 억누르기 위해 계엄령을 선포하고 심지어 총까지 쐈지만, 시민들은 굽히지 않고 싸워서 기어이 독재정권을 끌어내렸지. 하지만 혁명 이후에 민주주의가 실현되지 못하고 기나긴 군사독재가 이어졌기 때문에 4.19를 '미완의 혁명'이라고 부르기도 해.

1987년의 6월항쟁은 전두환 군사정권에 반대하는 수많은 시민들이 거리로 뛰쳐나와 대통령 직선제를 쟁취하고 민주주의의 진전을 이뤄낸 사건이야. 하지만 그렇게 이루어진 선거에서 기존 집권세력의 핵심 인물이었던 노태우가 당선되는 바람에 정권교체에 실패했고, '혁명'이라는 이름을 얻지 못했어. 반면 박근혜 대통령의 탄핵을 요구했던 2016년의 촛불시위는 정권교체를 이끌어냈기 때문에 '촛불혁명'이라고 불리지.

이러한 시민혁명은 2천년대 이후에도 세계 곳곳에서 일어났어. 평화적 시위로 독재자를 몰아낸 조지아의 '장미 혁명(2003)', 대대적인 민주화 시위로 독재자를 퇴진시킨 튀니지의 '재스민 혁명(2011)' 등이 대표적인 사례들이야.

무력으로 권력을 빼앗는 일. 대부분 군대에 의해 발생하며, 지배층 내부의 수평적 권력 이동이라는 점에서 체제 변혁을 뜻하는 혁명과 구분된다.

쿠데타는 무력으로 정권을 빼앗는 것을 말해. 프랑스어인 쿠데타(coup d'État)를 그대로 사용하는데, '국가를 뒤엎어버린다'는 뜻이야. 권력을 찬탈한다는 표현도 쓰지. 자기 것이 아닌 권력을 군대를 동원해서 강제로 빼앗는 거야.

대부분의 쿠데타는 소수의 군인들이 일으켜. 요리사나 대장 장이가 쿠데타를 일으켰다는 말은 못 들어봤을 거야. 현대 국가에서 무장한 병력을 동원할 수 있는 사람은 군 지휘관들밖에 없으니까. 국민들에게 자기의 정치적 능력을 입증하고 선거에서 선택받는 것이 정치권력을 얻는 정상적인 방식이야. 하지만 쿠데타를 일으키는 군인들은 그런 과정 없이 무력으로 단숨에 권력을 장악하려는 욕심에 사로잡힌 거지.

과거 사례를 보면 식민지에서 막 벗어나 정치와 경제가 불안정한 나라들에서 쿠데타가 자주 일어났어. 아프리카와 중남미 국가들 중에는 쿠데타로 집권한 세력이 뒤이어 일어난 또 다른 쿠데타 세력에게 쫓겨나는 일도 흔히 있었지.

'쿠데타 잘하는 법' 같은 매뉴얼이 있는 것도 아닌데, 전 세계 곳곳의 쿠데타 시나리오는 비슷한 점들이 많아. 어느 날, 한 무리의 군인들이 나라의 혼란과 무질서를 바로잡겠다며 등장해. 정작 나라를 혼란에 빠뜨린 건 자기들인데도 말이야. 그러고는 국민의 부름에 응답하기 위해 나섰다고 주장해. 하지만 아무도 그들을 부른 적이 없지.

그들은 탱크와 장갑차를 앞세워 언론사를 장악하고, 의회를 해산하고, 쿠데타에 반대하는 수많은 사람들을 '반국가세력'으로 몰아서 체포하지. 나라를 정상으로 되돌려놓은 뒤에는 군인 본연의 임무로 돌아가겠다고 약속해. "닭장의 무질서를 정리하고 닭장 청소까지만 끝내고 조용히 풀숲으로 돌아갈게요.” 여우가 이렇게 말한다고 누가 곧이듣겠어? 권력을 장악한 쿠데타의 리더는 슬그머니 군복을 양복으로 갈아입고 대통령으로 취임해. 그리고 기나긴 군사독재가 시작되지.

우리나라에서는 지금까지 두 번의 쿠데타가 있었어. 첫 번째는 1961년에 육군 소장 박정희가 일으킨 5.16 쿠데타야. 쿠데타 세력은 입법, 사법, 행정까지 삼권을 모두 장악했어. 1천 개가 넘는 신문과 잡지를 폐간하고 수만 명을 잡아들였어. 정당과 여러 사회단체들이 강제로 해산되었고 수천 명의 정치활동을 금지시켰어. 쿠데타의 명분은 4.19 혁명 이후의 사회 혼란을 바로잡겠다는 거였어. 왠지 익숙한 시나리오지?

두 번째는 1979년의 12.12 쿠데타야. 당시 전두환 소장이 이끄는 신군부 세력은 박정희 대통령이 암살되고 유신정권이 무너진 혼란스러운 상황을 틈타서 군사반란을 일으켰지. 그때의 긴박했던 상황을 다룬 영화가 바로 〈서울의 봄〉이야.

‘친위 쿠데타(self-coup)’라는 것도 있어. 최고 권력자가 자신의 권력을 더 강화하거나 연장할 목적으로 일으키는 쿠데타야. 친위 쿠데타로 헌법을 정지시키고 의회를 해산해버리면 더 이상 어떤 견제도 받지 않는 절대권력이 될 수 있으니까.

1972년의 ‘10월 유신’은 박정희 대통령이 종신 집권을 위해 저지른 친위 쿠데타였어. 느닷없는 비상계엄으로 국회를 해산

1961년 5.16 군사쿠데타로 권력을 장악한 박정희. 이때부터 18년간 기나긴 군사독재가 이어졌다.

하고 야당 정치인들을 체포하고 정당 활동을 금지한 상태에서 헌법 개정이 진행되었지. 그렇게 만들어진 유신헌법에는 대통령 직선제를 폐지하고, 국회의원의 3분의 1을 대통령이 추천하고, 대통령의 연임 제한을 없앤다는 내용이 담겨 있었어. 삼권을 장악하고 영구집권을 하겠다는 의도였지.

박정희, 전두환, 노태우까지 30여 년간 이어진 군사정권 시대가 끝나고 1993년에 김영삼 대통령이 취임했어. 새로운 정부는 군인이 아닌 민간인 대통령이 이끌었기 때문에 '문민정부'라고 불렸지. 김영삼 대통령은 취임 직후 '하나회'라는 군대 내 사조직을 기습적으로 해체해버렸어. 12.12 군사반란의 주범들이 결성한 하나회는 대한민국 군대의 요직을 독점하며 호시탐탐 정치 개입을 노려온 위협적인 세력이었어. 그걸 없앰으로써 군사 쿠데타의 싹을 도려낸 것은 김영삼 대통령의 뛰어난 업적으로 평가받고 있지. 이때부터 시민과 정치 지도자가 군대에 대한 통제권을 갖는다는 뜻의 '문민통제'가 온전히 이루어졌어.

"실패하면 반역, 성공하면 혁명 아입니까!" 영화 〈서울의 봄〉에서 쿠데타를 주도한 전두광은 이렇게 말해. 하지만 쿠데타는 성공하든 실패하든 무거운 처벌이 기다리고 있어. 쿠데타를 일으킨 내란 수괴(우두머리)는 형법상 사형 또는 무기징역에 처하게 되어 있거든. 1997년 대법원은 반란수괴죄로 전두환에게 무기징역을 선고했어.

법률뿐 아니라 역사의 심판도 피할 수 없어. 쿠데타 주범들은 국민을 지키라고 있는 군대를 불법적으로 동원해서 권력을 찬탈한 범죄자로 역사에 영원히 박제되는 거야.

쿠데타 세력은 자기들이 한 일을 '혁명'이라고 부르는 경향이 있어. 쿠데타는 불법이고 반역 행위의 이미지가 강하니까. 하지만 쿠데타를 혁명이라고 부르는 것은 남의 물건을 훔쳐놓고 '위치 이동'시켰다고 우기는 것과 다를 바 없는 억지에 불과해. 제아무리 그럴싸한 명분과 이유를 갖다 붙이더라도 쿠데타는 그냥 쿠데타일 뿐이야.

대부분의 나라에서 쿠데타는 이미 흘러간 역사야. 그런데 2021년 미얀마에서 군사 쿠데타 소식이 들려왔어. 사실 미얀마에서는 이미 1962년에 쿠데타가 있었어. 이후 오랫동안 군사독재가 이어지다가 2015년에 민주화 세력이 권력을 잡았지. 그런데 다시금 쿠데타의 역사가 되풀이된 거야. 많은 미얀마인들이 독재정권에 맞서 싸우고 있어. 그리고 온 세계가 미얀마의 민주주의 회복을 기원하고 있어.

전쟁 등의 국가 비상사태 때 민간정부 대신 군대가 사법과 행정을 맡아 나라를 통치하는 것. 계엄을 선포하는 대통령의 명령을 계엄령이라 한다.

계엄은 영어로 Martial Law라고 해. 전시법(戰時法)이란 뜻이야. 전쟁과 같은 국가 비상사태에 군대가 민간정부를 대신해서 임시로 통치하는 것을 말하지. 계엄이 선포되면 민간정부 대신 군이 사법과 행정을 맡고 군법으로 민간인을 다스리게 돼. 민주주의 국가에서는 평소에 독재를 허용하지 않지만, 비상 상황에서 잠시 독재와 비슷한 상황이 되는 거야. 왜 이런 제도를 마련해놓았을까?

어느 평화로운 바닷가 마을에 해적 떼가 쳐들어왔다고 상상해봐. 평소처럼 태평하게 마을 회의를 열고 그물을 손질하고 마을 축제를 준비할 여유가 없어. 촌장의 통솔 아래 전사들이 나서서 여자와 아이들을 대피시키고, 방벽을 쌓고, 마을 전체가 전투에 필요한 대형을 유지해야 돼. 마을을 안전하게 지켜내는 일이 최우선 과제가 되는 거야.

전쟁으로 나라가 무너질 위기상황이라고 가정해보자. 적을 물리치고 나라를 지키는 것보다 시급한 일은 없지. 이런 때 군대가 임시로 통치권을 맡아서 신속하게 상황을 통제하는 거야. 민주적인 절차를 일일이 지켜가면서 전쟁을 수행할 수는 없으니까.

계엄이 선포되면 민간정부의 기능이 잠시 정지되고 군대가 통치권을 갖게 돼. 도청, 시청, 구청, 법원 등 모든 행정기관과 사법기관을 군인들이 통제하지. 헌법의 일부 효력이 중지되고 시민들이 평소에 누리던 기본권도 제한받게 돼.

헌법 제37조는 이렇게 말하고 있어. "국민의 자유와 권리를 국가 안전보장과 질서 유지를 위해 필요한 경우에 한하여 법률로써 제한할 수 있다." 계엄은 헌법으로 보장된 시민의 자유와 기본권을 제한할 수 있을 정도로 엄중하고 예외적인 결정이야. 그래서 군사적 충돌 같은 국가 비상사태 때만 선포할 수 있다고 분명하게 못박아놓았지.

절차적 요건도 필요해. 대통령은 법이 정한 엄격한 요건에 따라 국무회의를 개최한 후 계엄을 선포할 수 있어. 선포 직후에는 국회가 소집되어야 하고, 국회가 계엄 해제를 요구하면 대통령은 즉시 해제해야 돼. 대통령이 계엄을 독단적으로 선포하지 못하게 하는 견제 장치라고 할 수 있지. 삼권(입법, 사법, 행정)

중에서 행정과 사법은 군이 맡지만, 입법부인 국회만큼은 제아무리 계엄이라 해도 건드릴 수가 없는 거야.

그런데 과거의 사례를 보면, 계엄은 국가 비상사태 수습이라는 본래의 목적보다는 쿠데타를 일으키거나 독재정권을 연장하기 위한 수단으로 악용된 경우가 대부분이었어. 계엄이 선포되는 바로 그 순간부터 헌법과 국회의 기능이 중단되었던 거야. 계엄군의 탱크와 장갑차가 곳곳에 깔리면서 언론 활동이 제한되었고, 표현의 자유나 집회의 자유도 송두리째 사라져버렸지. 평소에 정부를 비판하던 야당 정치인, 언론인, 지식인들은 마구잡이로 체포되었고 일부는 생명을 잃기도 했어. 우리 역사에서 계엄이 선포된 때는 예외 없이 그런 일이 일어났지.

해방 이후 최초의 계엄은 여순사건(1948) 때였어. 1950년 한국전쟁이 시작된 후에는 전쟁 기간 내내 계엄이 유지되다가 휴전 이후 해제되었지. 그 뒤에도 1960년 4.19 혁명 때, 1961년 5.16 군사쿠데타 때, 1964년 한일협정 반대 시위 때, 1972년 10월 유신 때, 1979년 부마항쟁 때 계엄이 선포되었어. 20세기의 마지막 계엄령은 1979년, 박정희 대통령이 암살된 10.26 직후였지. 지금으로부터 47년 전의 일이야.

나이 많은 어른들에게만 희미한 기억으로 남아 있던 계엄이 다시 등장한 것은 2024년 12월 3일 밤이었어. 윤석열 대통령이 마른하늘에 날벼락처럼 느닷없이 계엄을 선포했던 거야. 처음

엔 다들 '이게 실화인가?' 싶었지. 하지만 정당한 이유가 없는 불법적인 계엄이라는 걸 금세 알아차린 시민들은 곧바로 국회로 몰려갔고, 온몸으로 계엄군을 막아냈어.

그러는 사이 국회는 재석 190명에 찬성 190명으로 '비상계엄 해제요구 결의안'을 통과시켰어. 국회의장이 계엄 무효를 선언하며 의사봉을 두드렸고, 대통령이 그걸 받아들여 결국 계엄이 해제되었어. 권력자의 불법적인 계엄을 시민들과 국회가 함께 막아낸 거야.

마지막 계엄령이 있었던 1979년과는 많은 게 달랐어. 시민들은 계엄을 저지시킬 최후의 보루인 국회를 용감하게 지켜냈어. 또 휴대폰 촬영과 유튜브 생중계로 상황을 전파했어. 국회의원들은 담을 넘어 국회 본회의장으로 달려가 재빠르게 계엄 해제를 결의했어. 출동한 군인들은 시민들과의 충돌을 피하기 위해 최대한 소극적으로 대응했어. 군 통수권자인 대통령의 명령을 받았지만 위법적인 지시라고 판단하고 따르지 않은 군인들도 많았어.

전 세계가 깜짝 놀랐어. 한국같이 성숙한 민주주의 국가에서 계엄이 일어나다니. 하지만 무슨 일이든 빠르게 서두르는 민족답게 불과 몇 시간 만에 사태를 해결하고 민주주의의 회복력을 보여준 것에 또 한 번 놀랐어.

2024년에도 계엄이 일어날 거라고 생각한 사람은 거의 없었어. 우리 사회는 "민주주의는 언제든 누구에 의해서든 위기에 빠질 수 있다. 민주주의를 지켜낼 더 견고한 방어막이 필요하다"는 소중한 교훈을 얻었지. 민주주의를 지켜낸 우리들 스스로에 대한 자부심도 차올랐어.

국 가 폭 력

국가폭력은 국가가 국민을 대상으로 저지르는 탄압, 폭력, 고문, 살해를 말해. 국가는 군대와 경찰 같은 합법적인 무력 수단을 갖고 있어. 그러한 공권력으로 국민들을 탄압하는 게 바로 국가폭력이야.

누군가에게 폭행이나 사기를 당하면 112에 연락하면 돼. 친절하게 사건을 접수해주고 몇 분 안에 경찰차가 달려오지. 또 우리나라에는 육해공군을 합쳐 50만 명의 군대가 있어. 우리를 지켜주는 군대 덕분에 편안한 잠을 잘 수 있지.

그런데 질서를 유지하고 국민을 보호하기 위해 존재하는 군대와 경찰이 국민을 공격한다면? 이보다 끔찍한 일이 없겠지. 국가보다 상위의 기관이 없기 때문에 사람들은 도움을 호소할

데가 없어.

독재국가에서 어떻게 극소수의 독재자 무리가 수천만의 다수를 통치하는지 궁금했던 적 없어? 1대 100도 아니고, 1대 수천만 명인데 어떻게 가능할까? 여러 설명이 있겠지만 그중 하나는 공포정치야. 민주적인 절차로는 권력을 유지할 수 없을 때 감금, 고문, 처형 같은 국가폭력 수단과 공포정치로 절대다수의 사람들을 복종하게 만드는 거야.

국가폭력의 대표적 사례로 캄보디아의 크메르루즈 정권(1975~1979)을 꼽을 수 있어. 공산주의 무장단체였던 그들은 정권을 잡자마자 캄보디아를 생지옥으로 만들었어. 평등한 세상을 만든다며 모든 국민들을 도시에서 농촌으로 이주시켜 강제 노동을 시켰어. 나라 전체를 강제 수용소로 만든 셈이었지. 그리고 상상을 초월하는 규모와 방법으로 자국민을 학살했어. 처형, 굶주림, 질병으로 목숨을 잃은 사람들이 무려 200만 명이 넘어. 당시 캄보디아는 '킬링 필드(killing field. 죽음의 들판)'라고 불렸지.

우리나라에서도 많은 국가폭력이 권력에 의해 저질러졌어. 1948년 제주 4.3 사건 때 군경과 서북청년단에 의해 벌어진 민간인 대량 학살, 한국전쟁 발발 직후 좌익 색출이라는 명분으로 많은 민간인들을 학살했던 '보도연맹' 사건, 1960년 4.19 혁명 때 시위진압 과정에서 발생한 대규모 살상, 1970년대 유신독재

1980년 5.18 광주민주화운동 당시 자행된 진압군의
만행은 국가폭력의 대표적 사례들 중 하나다.
(출처 : 5.18기념재단)

권력에 의해 자행된 숱한 인권탄압과 간첩 조작 사건 등등.

1980년 5.18 광주민주화운동 역시 국가폭력의 대표적인 사례들 중 하나야. 민주화 시위를 진압하러 온 공수부대는 시민들을 군홧발로 짓밟고 총검을 휘둘렀어. 또 시위 군중에게 발포해서 수백 명이 목숨을 잃었지.

그 직후에는 삼청교육대 사건이 벌어졌어. 당시 신군부 세력은 시민들의 비판과 저항 의지를 꺾기 위해 공포정치를 펼쳤어. 사회악을 몰아낸다는 구실로 사람들을 무차별 체포하고 수용해서 지옥 같은 군사훈련과 강제노역을 시키며 심각한 인권 유린을 저질렀지. 그 과정에서 수백 명이 가혹행위로 죽었고, 탈출을 시도하다 사살되었고, 풀려난 이후에도 후유증으로 목숨을 잃었어.

국가폭력의 실체를 뒤늦게라도 명명백백하게 밝히고 희생자들의 명예를 회복시키기 위해, 그리고 피해를 보상하기 위해 정부는 새로운 전담기구를 만들었어. 2005년에 출범한 '진실·화해를 위한 과거사 정리위원회'. 일명 '진실화해위원회'가 바로 그거야. 노무현 대통령 때 생긴 이 위원회는 남아프리카공화국의 '진실과 화해 위원회'를 모델로 만들어졌어. 인종차별의 대표적 피해자였던 넬슨 만델라가 1994년 남아공 최초의 흑인 대통령이 된 이후 "용서와 화해"를 선언하며 만든 조직이야.

국가권력은 주권자인 국민들에게 봉사하기 위해 존재하는

전쟁

전쟁은 국가와 국가(또는 국가에 준하는 정치집단) 사이에 벌어지는 무력 충돌이야. 유엔 통계에 따르면 지난 5,500년간 14만 번 이상의 전쟁이 일어났고 12억 4천만 명이 죽었다고 해.

정치에서 전쟁의 의미는 뭘까? 19세기 초 프로이센의 군인이었던 클라우제비츠는 "전쟁은 정치의 연속"이며 "정치적 목적을 달성하기 위한 수단"이라고 말했어. 당시 유럽에서는 외교적으로 해결이 안 되면 전쟁이라는 카드를 쉽게 쓰곤 했지. 하지만 현대의 전쟁 방식과 규모는 정치의 연속이라고 하기엔 너무나 강하고 거대해졌어.

오늘날의 전쟁은 재래식 전쟁과 핵전쟁으로 나뉘어. 핵무기를 쓰지 않는 모든 전쟁이 재래식 전쟁이야. 현재 전 세계에는 1만 개가 넘는 핵탄두가 존재하고 있어. 핵에 대한 공포 때문에 섣불리 사용하지 못할 뿐이야. 하지만 그걸 다행으로 여겨선 안 돼. 재래식 전쟁만으로도 엄청난 희생자들이 생겨나고 있으니까 말이야.

평화를 유지하려면 강한 군대가 필요해. 물론 군대가 실제로 동원되는 상황은 아무도 바라지 않아. 강한 군대가 필요한 건 그 힘으로 적의 도발을 막고 전쟁을 억지하기 위해서야. 정치도 아주 중요해. 노련한 외교와 협상을 통해 굳이 전쟁을 할 필요가 없는 상태를 만드는 게 정치의 역할이야.

거야. 그런데 국가권력이 민주적인 통제를 벗어나면서 도리어
국민을 억압했어. 그 결과는 참혹한 국가폭력으로 나타났지. 그
래서 민주주의가 발달한 나라들은 국가권력을 통제하는 장치
와 제도를 만들기 위해 오랫동안 고심했고, 지금도 계속 고심하
고 있어.

정치제도

	삼	권	분	립
여	당	과		야	당
		대	통	령	제
	의	원	내	각	제
				연	방

삼권분립

국가의 권력을 입법, 사법, 행정으로 분리하고 서로 견제하게 함으로써 권력의 남용을 막는 제도. 민주주의 유지에 필요한 핵심 장치로 꼽힌다.

삼권분립은 국가의 권력을 입법, 사법, 행정으로 나누는 거야. 분산된 권력은 서로 견제하며 긴장관계를 유지하지. 셋 중 하나가 지나치게 강해져서 민주주의에 위협이 되는 것을 막기 위한 제도적 장치라고 생각하면 돼.

삼권은 아래와 같이 나눌 수 있어.

· 입법부 : 법을 만드는 국회를 가리켜. 우리나라 국회의원은 총 300명인데, 한 사람 한 사람이 모두 독립적인 헌법기관이야.

· 행정부 : 입법부가 만든 법을 집행하는 기관이야. 행정부에는 기획재정부, 교육부, 외교부, 해양수산부 등과 같이 나라의 일을 맡아서 처리하는 여러 부처와 공무원들이 있어. 행정부의 수반(首班. 가장 높은 사람)이 바로 대통령이야.

· 사법부 : 입법부가 만든 법을 해석하고 그에 따라 적절한 판결을 내리는 기관이야. 최고 법원인 대법원 아래 지방법원, 고등법원 등의 각급 법원이 있고, 법률의 위헌 여부나 공직자의 탄핵, 정당의 해산 여부를 가리는 헌법재판소가 별도로 설치되

어 있어.

삼권이 어떻게 작동하는지 가상의 예를 들어볼게. 청소년의 유흥업소 출입을 막기 위해 삼권을 동원한다고 해보자.

(1) 청소년의 유흥업소 출입을 금지하는 법을 만든다. (입법부)
(2) 청소년으로 보이는 사람이 유흥업소에 오면 반드시 신분증을 확인하도록 하고, 이를 어긴 업주를 체포해서 재판에 넘긴다. (행정부)
(3) 체포된 업주를 관련법에 따라 처벌한다. (사법부)

권력을 나누고 서로 견제하게 해서 독재를 막는다는 아이디어는 아주 오래된 거야. 고대 로마에서 집정관, 원로원(귀족 대표), 호민관(평민 대표)은 서로 견제하는 관계였어.

삼권분립에는 '견제와 균형(check and balance)의 원리'가 들어 있어. 견제와 균형은 민주주의를 지탱해주는 기본 원칙이야. 견제는 어느 권력이 방향을 잃고 난폭해질 때 이것을 막고 차단하는 거야. 농구로 말하면 블로킹, 축구로 말하면 태클이지. 균형은 여러 힘을 고르게 분산시키는 거야. 한쪽이 너무 강해지지 않도록, 시소 놀이처럼 오르락내리락 팽팽한 긴장관계를 유지하지.

삼권은 각각 독립적이고 분리된 권력을 지녔어. 대통령이 최고로 높은 것 아니냐고? 행정부를 하나의 회사에 비유하면 대통령이 '사장님'에 해당하는 건 맞아. 하지만 입법부와 사법부는 제아무리 대통령이라도 이래라저래라 할 수 없는 '남의 회사'인 셈이야. 세 개로 분산된 권력은 서로를 제한하고 상호 견제하면서 국가 운영이 독단으로 치우치는 걸 막아주지.

삼권분립이 꼭 필요한 이유는 뭘까? "절대권력은 절대적으로 부패한다"는 말이 있어. 통제받지 않는 권력은 필연적으로 남용된다는 얘기야. 권력자가 사적인 이익을 위해 권력을 휘두르기도 하고, 국민의 권리를 빼앗고 억압하기도 해. 또한 머리가 매우 나쁘거나 도덕성이 결여된 사람이 지도자로 선출되어 헌법을 무시하거나 국가에 해를 끼치는 결정을 할 수도 있어.

삼권분립을 영어로는 'Separation of Powers'라고 한다. 미국 작가 대니얼 파우스트의 청소년 도서 『Seperation of Pwers』 표지.

삼권분립이 확립되어 있으면 그런 식의 권력 남용에 즉시 제동을 걸 수 있겠지.

삼권분립이 없는 세상이란 어떤 곳일까? 1972년 박정희 대통령은 유신헌법을 통해 삼권분립 원칙을 하루아침에 무너뜨렸어. 이른바 '국가긴급권'으로 국회를 해산하고, 대통령이 의장을 맡는 비상국무회의가 국회 기능을 대신했어. 심지어 대통령이 국회의원의 3분의 1을 지명하고 법관을 임명하는 터무니없는 권한까지 부여했지. 삼권분립의 원리가 완전히 깨져 버린 거야.

이런 식으로 모든 권력이 남김없이 대통령에게 집중되면 그때부터는 헌법을 마음대로 고칠 수 있고 심지어 영구집권도 가능하게 돼. 국민들을 불법적으로 체포, 감금, 고문하고 부실한 재판으로 사형 선고를 내려도 아무도 그걸 막지 못하지. 실제로 유신 시대에는 그런 일들이 드물지 않게 일어났어.

1919년 대한민국 임시정부의 헌법은 입법, 사법, 행정의 삼권분립을 분명하게 규정했어. 그 정신을 이어받은 오늘날의 대한민국 헌법 역시 입법권은 국회에, 행정권은 대통령을 수반으로 하는 정부에, 사법권은 법관으로 구성된 법원에 속한다고 정하고 있지.

실제 정치에서 삼권이 작동하는 방식을 한번 알아보자. 국회는 법을 만들어. 대통령은 국회가 만든 법을 승인하고, 각 행정 부처들이 그 법을 집행하지. 때때로 대통령은 국회가 만든 법률에 거부권을 행사할 수도 있어. 이미 발효 중인 법이라도 헌법재판소가 위헌 심판을 통해 효력을 정지시킬 수 있고.

대통령은 군 통수권자로서 군대를 지휘할 수 있어. 하지만 그것도 제멋대로는 아니야. 매년 국방비 예산을 승인할 권한이 국회에 있고, 대통령이 전쟁을 선포할 때는 반드시 국회의 투표를 거쳐야 해. 평상시에도 국회는 국정감사를 통해 행정부의 활동을 감시할 수 있어. 이처럼 서로 밀고 당기고, 찌르고 막고, 주거니 받거니 하는 삼권의 관계! 바로 이게 민주주의를 튼튼히 지켜주는 핵심 장치인 거야.

대통령을 배출한 집권 정당을 여당이라 하고, 그 밖의 정당들을 야당이라 한다. 의원내각제에서는 다수 의석을 차지해 총리를 배출한 정당이 여당으로서 내각을 구성한다.

"전세사기특별법 여야 합의"
"후쿠시마 오염수 문제 놓고 여야 충돌"
"국정조사로 여야 갈등 심화"
뉴스에서는 이처럼 여야가 티격태격하는 기사를 많이 보게 돼. 도대체 여야가 무엇일까?

여(與)는 '더불어 있다' 또는 '편들다'라는 뜻이야. 정부와 더불어 있고, 정부와 뜻을 같이하는 당이 여당이야. 권력을 차지하고 국가의 일을 하는 당이지. 야(野)는 '들판'이라는 뜻이야. 활동 무대를 바깥 들판에 비유해서, 정부에 속하지 않은 당을 뜻해.

쉽게 말해, 여당은 대통령을 배출하여 권력을 차지한 정당,

야당은 그렇지 않은 정당이야. 권력을 쥐고 있다는 뜻에서 '집권 여당'이란 표현도 쓰지. 의원내각제에서는 더 많은 의석 수를 차지해 권력(총리와 내각)을 차지한 당이 여당이야. 2022년 5월까지는 문재인 대통령을 배출한 민주당이 여당이었고, 이후로는 윤석열 대통령을 배출한 국민의힘이 여당이었다가, 탄핵 이후엔 이재명 대통령을 배출한 민주당이 다시 여당이 되는 식이지. 우리나라는 5년에 한 번 대통령 선거를 하니까 5년마다 여당과 야당이 엎치락뒤치락 뒤바뀔 수 있어.

여야는 권력을 놓고 치열하게 경쟁해. 여당은 갈고 닦은 정책을 펼치고, 야당은 눈을 부릅뜨고 여당에 대한 견제와 비판에 나서지. 그래서 영어로 여당은 'ruling party(통치하는 당)', 야당은 'opposition party(반대하는 당)'라고 해.

여야는 어떻게든 각자의 유능함을 입증해 보여서 다음번 선거에서 승리하려고 애쓰지. 하지만 평소에는 톰과 제리처럼 치고받고 싸우다가도 나라에 큰 위기가 생기면 싸움을 멈추고 힘을 합치기도 해.

여당과 야당을 엄마와 아빠의 관계에 비유해보자. 엄마(여당)가 냉장고를 바꾸려고 하니까 아빠(야당)가 은행 빚이 많아서 안 된다고 반대해. 이번엔 아빠(야당)가 옆집 이웃을 저녁 식사에 초대하자고 제안하지만, 엄마(여당)는 거실 청소가 안 되어 있다며 반대하지. 사사건건 충돌하지만 둘은 가끔 타협을 하기도 해. 엄마(여당)가 식기세척기를 사는 대신 아빠(야당)는 노트북을 새것으로 바꾸기로 합의한 거야. 집에 강도가 들면 아빠(야당)는 경찰 신고를 맡고, 엄마(여당)는 종합격투기를 담당해. 둘은 일심동체로 강도를 제압하는 데 성공하지.

여야의 힘겨루기는 양당제도에서 흔히 찾아볼 수 있어. 민주주의 국가에서는 다당제가 인정되니까 정당이 수십 개까지도 있을 수 있지. 하지만 가장 힘센 두 정당이 권력을 번갈아 차지하는 경우가 많아. 우리나라, 미국, 영국의 경우가 그렇지.

여야의 경쟁과 비슷한 모습을 우리 역사에서도 찾을 수 있어. 옛날 조선에서는 동인과 서인, 노론과 소론 같은 정치 집단들이 제각기 뭉쳐서 서로 대립하고 충돌했지. 이러한 붕당 정치를 흔히 당파 싸움이라 부르고, 권력 다툼에 몰두해 나라를 망하게 했다고 비판하기도 해. 하지만 한편으론 두 세력이 서로 비판하고 견제하면서 정치적 균형을 이룬 측면도 있었지. 경쟁 세력이 없었다면 특정 집단이 권력을 독점하고 더 심한 횡포를 부릴 수도 있었거든.

가끔 TV를 통해 여야 국회의원이 고성을 지르고 싸우는 모습을 보면 눈살이 찌푸려질 때도 있어. 하지만 여야가 서로 너무 정답고 찰떡궁합이라면 그것도 이상할 거야. 여당과 야당 중 어느 쪽이 더 유능한지, 누구의 정책이 더 훌륭한지 실력을 겨루면서 서로 경쟁하는 건 바람직한 일이야. 더 나은 정당이 국민의 선택을 받아 여당이 되고, 제대로 못 하면 도로 야당이 되었다가 실력을 길러 다시 여당으로 올라서는 과정을 반복하면서 정치도 나라도 함께 성장할 수 있기 때문이지.

대 통 령 제

대통령을 중심으로 국정이 운영되는 정치 제도. 대한민국의 대통령은 국가원수이자 행정부의 우두머리로서, 또한 군 통수권자로서 헌법과 법률에 따른 권한과 책임을 갖는다.

대통령은 '대통령제'라고 불리는 정치 제도에서 최고 권력을 갖고 행정부를 이끄는 직책의 이름이야. 또한 한 나라의 국민들을 대표하는 자리야. 대통령은 많은 지지와 존경을 받기도 하지만, 끝없는 비판과 비난의 대상이 되기도 해.

대통령제의 원조는 미국이야. 1789년 미국의 제1대 대통령이 된 조지 워싱턴은 미국의 첫 대통령이자 인류 역사의 첫 대통령인 셈이지. 영국 식민지에서 독립해 미국을 세운 '건국의 아버지들'은 국가의 지도자를 뽑기로 했어. 그들에게 영국의 조지3세는 더 이상 자신들의 왕이 아니었어. 군주 국가의 왕과는 다르지만 국가를 대표하는 한 사람이 필요했던 거야. 그렇게 해서 대통령을 세우게 되었지.

대통령을 뜻하는 프레지던트(president)는 '앞에 앉다'라는 뜻의 라틴어 어원에서 왔어. 영어 동사인 프리자이드(preside)는 회의나 모임을 이끈다는 뜻이야. 회의장에서 대통령이 장관이나 관료들과 함께 국가의 중요한 일들을 결정하는 장면을 상상해보면 되겠지.

대통령이 행사하는 막강한 권력의 원천은 뭘까? 그 권력을 몰아준 주권자인 국민들이지. 대통령제의 장점은 국민의 투표로 직접 선출된다는 점이야. 국가 지도자를 자기 손으로 뽑을 권리를 지닌 국민들은 주권을 행사했다는 자부심과 긍지를 느낄 수 있어.

우리나라는 이승만 대통령 때부터 전국민이 투표에 참여하는 직접선거를 해왔어. 하지만 1972년 박정희 대통령이 영구집권을 위해 '유신 개헌'을 하면서 간접선거 방식으로 바뀌게 돼. '통일주체국민회의'라는 기구의 대의원 몇천 명을 체육관에 모아놓고 대통령을 선출했지. 혼자 출마해서 99%의 득표율로 당선되는, 하나 마나 한 선거였어. 1980년에 쿠데타로 권력을 장악한 신군부는 통일주체국민회의를 없애고 '대통령 선거인단'이라는 기구를 새로 만들었지만, 이름만 달라졌을 뿐 간접선거로 대통령을 뽑는 건 마찬가지였어. 그렇게 뽑힌 사람이 바로 전두환 대통령이야.

박정희의 유신독재와 전두환의 5공독재를 잇달아 겪으면서,

국민의 손으로 대통령을 선출해야 한다는 국민들의 열망이 점점 커졌어. 결국 1987년 6월 민주항쟁을 통해서 전 국민이 직접 투표로 대통령을 뽑는 직선제를 쟁취해냈지. 그렇게 되찾은 소중한 권리가 지금까지 이어져오고 있는 거야.

대통령제의 또 다른 장점은 임기를 보장받아서 행정부가 안정적으로 운영된다는 점이야. 대통령은 탄핵되거나 스스로 물러나지 않는 한, 임기 동안 소신껏 정책을 펼칠 수 있어. 설령 총선에서 집권당이 패배하여 소수당이 되더라도 그것 때문에 대통령이 물러나진 않아. 반면 내각책임제 국가에서는 의회에서 총리를 불신임하거나 다수당이 총선에서 패배하면 즉시 총리가 바뀌기 때문에 정해진 임기가 따로 없어.

대통령의 임기와 연임은 나라마다 달라. 우리나라는 5년 단임제여서 한 번만 대통령을 할 수 있지만, 미국은 4년 중임제야. 한 사람이 대통령을 두 번 할 수 있다는 뜻이야. 재선에 성공하는 미국 대통령은 총 8년 동안 대통령직을 수행할 수 있어.

대통령제의 단점은 대통령 1인에게 너무 많은 권력이 집중된다는 거야. 대통령은 행정부의 수장이고, 검찰총장·경찰청장·국정원장 같은 권력기관의 수장을 임명하지. 또한 군 통수권자로서 국군통수권과 선전포고권이 있는데, 쉽게 말해서 전쟁을 결단할 수도 있다는 거야. 핵 보유국의 대통령은 핵무기 사용 결정까지도 내릴 수 있어.

이렇게 권력이 막강한 만큼, 대통령 한 사람의 잘못된 판단이 나라 전체를 위기에 빠뜨릴 수 있지. 이런 위험성을 줄이기 위해 대통령의 권한을 줄이고 권력을 분산해야 한다는 주장도 있어. 이른바 '제왕적 대통령제'의 폐해는 정치 개혁을 논할 때마다 빠지지 않고 등장하는 중요한 화두이기도 해.

옛날에는 장래 희망이 뭐냐는 질문에 '대통령'을 적는 아이들이 많았어. 그런데 대통령이 얼마나 막중한 책임을 지닌 자리인지 곰곰이 생각해봐. 5천만 명이 탑승한 대한민국호를 이끄는 선장. 날카로운 판단력, 투철한 역사의식, 미래에 대한 통찰, 세계정세를 읽는 눈, 경제에 대한 안목, 소통과 공감 능력 등 깨알같이 많은 능력이 필요한 자리야. 유권자로서 우리는 유능한 대통령을 골라내는 밝은 눈을 길러야겠지?

의회 다수당 대표가 총리를 맡고 그 당의 의원들로 내각을 구성하여 행정을 책임지는 정치 제도. 과반수 정당이 없을 때는 2개 이상의 정당이 함께 내각을 구성하는 '연정'이 이루어진다.

의원내각제는 의회와 내각이 합쳐진 권력 형태야. 의회가 곧 내각, 즉 행정부가 되는 것이지. 대통령제는 의회와 행정부

의원내각제의 원조 국가인 영국의 의회(하원). 여당과 야당이 서로 마주보고 앉도록 좌석이 배치되어 있다.

가 따로 분리돼 있고 의원내각제는 합체되어 있다고 생각하면 돼. 영국, 독일, 일본 등이 이런 정치제도를 갖고 있어.

의원내각제에서 권력의 이동을 만들어내는 건 의회 선거, 즉 총선이야. 어떤 정당이 의회에서 과반수 의석을 차지하면 그 정당의 리더가 총리(또는 수상)가 돼. 그리고 총리가 이끄는 정당의 의원들로 내각을 구성하는 거야.

예를 들어, 활빈당이라는 정당이 있다고 해보자. 선거 결과 활빈당이 국회 의석 300석 중 과반수인 151석 이상을 차지하면 활빈당 대표 홍길동이 총리로 선출돼. 그리고 활빈당의 의원들 중에서 국방부장관, 교육부장관, 외교부장관 등이 줄줄이 임명 되는 거야.

총리는 영어로 '프라임 미니스터(Prime Minister)'야. 여러 장관(Minister)들의 우두머리 역할을 하는 '제1장관'이라는 뜻이야. 총리가 내각의 대표자인 동시에 행정부의 수반이 되는 셈이지. 의원내각제가 낳은 세계적 지도자들로는 제2차 세계대전을 이끌었던 영국의 윈스턴 처칠, '독일 통일의 아버지'라 불리는 헬무트 콜 등이 있어.

하나의 정당이 의회에서 과반을 이루지 못하면 어떻게 할까? 그럴 때는 2개 이상의 정당이 뭉쳐서 내각을 구성해. 이것을 '연정' 또는 '연립내각'이라고 해. 어떤 정당이 다른 정당에게 연립내각 구성을 제안하려면 상대방의 주장을 최대한 정책에 반영해야겠지? 바로 그런 이유 때문에 의원내각제에서는 소수 정당들도 권력에 참여할 길이 열려 있어. 대표적인 케이스가 바로 독일의 녹색당이야. 의석 수가 적은데도 환경 이슈를 주도하며 다양한 녹색 정책들을 펼칠 수 있었던 건, 사민당 같은 거대 정당과의 연정을 통해 국가 운영에 직접 참여해왔기 때문이야.

의원내각제 국가에도 대통령이 있는 걸 봤다고? 맞아. 독일이 그런 경우야. 하지만 내각제의 대통령은 영국의 국왕처럼 상징적인 존재야. 대통령제에서는 대통령이 국가 원수이자 행정부의 수장인 반면, 내각제에서는 총리가 행정부의 수장을 맡고 대통령은 상징적인 국가 원수 역할만 수행하지. 실질적인 힘과 권한은 거의 없다고 보면 돼.

우리나라와 미국은 대통령제이고 중남미와 아프리카 국가들 중에도 대통령제 국가가 많아. 하지만 전 세계의 절반 정도 되는 나라들은 의원내각제를 채택하고 있어. 사실 우리나라도 1960년 이승만 대통령이 물러난 후 의원내각제와 비슷한 내각 책임제를 잠시 채택한 적이 있었어. 윤보선 대통령은 상징적 국가 원수였고, 장면 총리의 내각이 행정부를 이끌었지.

의원내각제는 의회와 행정부가 한 몸이어서 정책 결정을 빠르게 하고 변화에 대응하는 데 유리해. 홍길동 총리의 지휘 아래 활빈당이 정책을 개발하고, 그 정책 추진에 필요한 법까지 뚝딱 만드는 거야. 한마디로 '북 치고 장구 치고' 다 할 수 있지. 반면에 대통령제에서는 의회와 행정부의 대립과 견제가 팽팽하고 치열해.

이번엔 임꺽정이 이끄는 대통령제 국가를 가정해보자. 임꺽정 대통령이 전 국민 공짜 치킨 공급정책을 추진하자 제1야당 대표 홍길동이 닭값 상승이 우려된다는 이유로 반대하며 갈등을 빚게 돼. 이번에는 홍길동 대표가 전 국민 공짜 피자 법안을 통과시켰지만 임꺽정 대통령이 치킨 업체와의 형평성에 어긋난다며 거부권을 행사하지. 대통령제는 이처럼 의회와 행정부가 티격태격 대립하면서 조금씩 타협해가는 시간이 필요해.

의원내각제의 단점은 불안정성이야. 의회가 자체 투표를 해서 내각 불신임을 결정하면 내각은 즉시 해체되고 총리도 자리에서 물러나야 해. 내각을 만들 수도 있고 해산할 수도 있는 권한이 의회에 있는 거야. 그러다 보니 수명이 아주 짧은 내각이 탄생하기도 해. 2022년 영국의 리즈 트러스 총리는 임명된 지 겨우 44일 만에 불신임 압박을 받아 사임하는 신기록을 세웠어. 4~5년의 임기가 안정적으로 보장된 대통령제와 뚜렷하게 대비가 되지.

우리나라에서 대통령에게 너무 집중된 권한을 분산시키기 위해 의원내각제를 채택하자고 주장하는 사람들도 있어. 하지만 우리나라 사람들은 지도자를 자기 손으로 뽑는 것을 포기할 수 없을지도 몰라. 대한민국의 대통령 직선제는 치열한 민주화 운동의 산물이야. 그만큼 역사적인 의미가 있고, 우리의 미래를 스스로 결정한다는 의미도 있지.

연 | 방

자치권을 가진 여러 나라들이 연합해서 하나의 국가를 형성한 것. 각 자치정부들은 독자적인 입법부와 행정부를 갖고 있고, 연방 정부는 국가 전체의 중요한 안건을 다루는 연방 의회를 운영하며 외교권을 행사한다. 미국, 독일, 인도, 호주, 스위스 등 많은 나라들이 연방제를 실시하고 있다.

연방은 여러 나라들이 연합해서 하나의 나라가 된 것을 말해. 연방 국가에는 연방 정부(중앙)와 주 정부(지방)가 있어. 주 정부는 원래 각각 하나의 나라가 될 수도 있는 정치 단위인데, 연방이라는 하나의 깃발 아래 뭉친 거야.

인도에는 28개의 주 정부가 있어. 인도의 연방 정부는 외교나 국방처럼 국가 전체를 대표하고 책임지는 일을 담당해. 그리고 주 정부는 주 차원에서 이루어지는 법과 행정을 맡고 있어. 외교와 국방을 빼면 주 정부는 하나의 나라와 비슷한 수준의 권한을 갖기도 해. 이렇듯 2개의 정부가 공존하는 상태에서 영향을 주고받으며 헌법에 따른 각자의 역할을 하고 있어.

연방제는 대체로 국토가 큰 국가들이 실시하는 경우가 많아. 미국, 캐나다, 브라질, 아르헨티나, 호주, 인도, 러시아, 나이지리아, 탄자니아 등등. 거대한 나라를 중앙 정부라는 하나의 통치 기구가 구석구석 다스리는 게 쉽지 않기 때문이지. 또는 사회적, 문화적으로 이질적 요소들이 많은 복잡한 국가를 융합시키기 어려울 때 대안으로 채택될 수도 있어.

러시아가 예전에 거대한 소비에트 연방의 중심이었다는 사실은 다들 알고 있지? 정확히는 '소비에트 사회주의 공화국 연방(USSR. 러시아어로는 CCCP)'이었어. 당시에는 소비에트 연방의 앞 글자를 따서 흔히 '소련'이라고 불렀지. 1990년대 초에 공산주의 체제가 막을 내리고 소련이 붕괴되면서 15개의 공화국으로 갈라졌고, 이때 소련을 계승한 국가가 바로 러시아야. 갈라진 뒤에도 러시아는 세계에서 가장 넓은 국토를 가진 국가로서 여전히 연방제(Russian Federation)를 유지하고 있지.

미국의 정식 명칭은 '미합중국(美合衆國. United States of America)'이야. 합중국은 '여러 나라가 합쳐진 국가'란 뜻이지. 50개의 주가 제각기 독립된 나라(State)가 될 수도 있었는데 한 국가로 결합(United)된 거야. 미국이 왜 그렇게 힘이 세고 강력한지 조금은 이해가 되지?

할리우드 영화를 보면 마지막 장면에서 범죄자를 체포하는 최종 해결사로 꼭 FBI가 등장해. FBI는 연방수사국(Federal Bureau Investigation)의 약자야. '연방'이란 말에서 알 수 있듯 미국 전체를 관할하는 수사기관이야. 미국항공우주국(NASA)도 연방에 속하는 기관이지. 이런 식으로 연방 검찰, 연방 대법원 등 미국 전체를 관할하는 기관들이 있어.

이와 별도로 미국의 각 주에는 자기네 주를 관할하는 기관이 있어. 가령 캘리포니아 주에는 주 대법원, 주 의회, 주 정부가 있지. 또한 각 주마다 독자적인 헌법과 법률이 있고 내용이 조금씩 달라. 이를테면 미국의 27개 주는 사형 제도를 유지하고 있고, 나머지 23개 주는 사형을 폐지했거나 집행을 중지한 상태야. 그래도 법률들 사이의 위계는 필요하겠지? 미국의 최상위 법률은 연방국가의 의회 구성, 권력 분립, 선거 제도, 연방 정부와 주 정부의 권한 등을 규정한 연방 헌법이야.

연방제가 반드시 거대한 나라에만 있는 건 아니야. 네팔, 벨

정교분리

정교분리는 '정치와 종교를 분리'한다는 뜻이야. 동서양을 막론하고 고대와 중세 사회에서는 그 둘이 결합된 경우가 많았어.

하지만 시간이 흐르면서 종교와 정치권력이 나뉘기 시작했어. 특히 18세기에 근대 민주주의의 시발점이 된 시민혁명이 일어나면서 정교분리가 확고해졌어. 프랑스 혁명(1789)이 무너뜨린 낡은 체제는 계급, 신분사회 그리고 가톨릭 교회였지.

정치와 종교가 분리된 민주주의 국가에서는 국교(국가가 지정하는 종교)가 인정되지 않아. 대한민국 헌법에도 그런 원칙이 분명하게 담겨 있어. "국교는 인정되지 아니하며, 종교와 정치는 분리된다."(헌법 제20조 2항)

국교를 정하거나 공적으로 종교적 행위를 하는 것은 헌법에 위배되는 일이야. 대한민국 국민들의 헌법적 권리인 종교, 양심, 표현의 자유를 침해하기 때문이지. 미국 대통령은 취임 때 성경책에 손을 얹고 선서를 하지만 그건 단지 역사적 전통일 뿐, 미국의 국교가 기독교인 건 아니야.

그런데 21세기에도 정교분리가 되지 않은 나라들이 있어. 이란, 사우디아라비아, 아프가니스탄 등은 종교와 정치가 하나인 신정일치(神政一致) 국가들이지. 그 국가들의 최고 규범은 헌법이 아니라 이슬람 율법인 '샤리아(Sharia)'야.

기에처럼 나라는 작지만 다민족국가이거나 다채로운 문화적·역사적 배경 때문에 연방제를 채택한 나라도 있어.

　연방제와 비슷해 보이지만 차이가 큰 정치 조직으로 국가연합이 있어. 국가연합은 완전히 다른 나라들끼리 경제적·정치적 이익을 위해 느슨하게 결합한 거야. 제각기 독자적인 정부가 있고 외교와 국방도 당연히 따로따로야. 유럽연합(EU)이나 동남아국가연합(ASEAN. 아세안)이 대표적인 사례지. 우리나라 정부도 오래전에 남북통일 방안으로 '남북연합' 아이디어를 제시한 적이 있어. 국가연합은 서로 친하긴 하지만 한 가족은 아닌, 여전히 남남인 사이야.

　유럽연합은 회원국들끼리 아주 끈끈한 관계를 유지하고 있어. 서로 국경도 자유롭게 드나들고 같은 화폐(Euro. 유로)를 쓸 정도니까. 국제사회에서 유럽연합은 무역, 경제, 군사방위 등에서 하나의 나라처럼 대우받을 때가 많아. 그래서 유럽연합이 언젠가 연방제를 채택해서 '유럽합중국'이 되지 않을까 상상하는 사람들도 있다고 해. 그렇게 되면 나라 이름은 유럽합중국(United States of Europe), 줄여서 USE가 될지도 모르겠네.

정부와의회

어휘력 플러스 ③ | 큰 정부와 작은 정부

정│부

행정을 담당하는 국가기관. 입법·사법·행정 삼권 중에서 행정부를 가리킨다. 넓은 의미로 쓰일 때는 삼권을 포함한 국가의 모든 통치 기구들을 통틀어 '정부'라 부르기도 한다.

'정부'라는 말은 두 가지 의미를 갖고 있어. 첫째, 정부는 입법·사법·행정 삼권 중에서 행정부를 가리켜. 둘째, 정부는 종종 국가와 같은 의미로 쓰여. 삼권을 포함한 국가의 모든 통치 기구들을 통틀어서 정부라고 부르는 거야. 전자가 좁은 의미의 정부라면 후자는 넓은 의미의 정부라고 할 수 있어.

여기서는 첫 번째 의미, 즉, 행정부로서의 정부에 대해 알아보자. 행정부는 국가의 모든 일을 돌보는 조직이야. 하나의 중앙정부와 여러 개의 지방정부들을 포함해서, 우리나라 행정 조직에서 일하는 공무원은 100만 명이 훨씬 넘어. 대통령제 국가에서 이 모든 공무원들은 행정부 수반인 대통령의 지휘 아래에 있지.

국무회의는 정부의 최고 의사결정 기구야. 대통령, 국무총리, 그리고 20여 명의 국무위원으로 구성되어 있어. 외교부, 법무부, 국방부, 교육부, 환경부, 고용노동부 같은 각 행정 부서의 장이 국무위원이야. 국무회의의 의장은 대통령이고.

중요한 결정을 할 때 대통령은 국무의원들의 의견을 듣게 돼. 국무회의의 의결이 반드시 필요한 일들도 있어. 국무회의에는 다양한 부처의 장관들이 참석하기 때문에 하나의 사안에 대한 여러 관점들을 공유할 수 있고, 각 부처들의 이해관계를 조율할 수 있지.

정부에 대해 흔히 '나라의 살림을 담당'하는 역할을 한다고 말하지. 수입과 지출을 알뜰하게 꾸려가며 집에 생활용품을 갖추고, 가족에게 좋은 음식을 먹이고, 아이들이 아플 때 돌보는 엄마 아빠처럼 말이야.

정부는 국방과 치안을 관리하며 국민의 생명과 재산을 보호하는 일을 해. 이를 위해 수십만 명의 군대와 경찰을 운영하지. 사고나 자연재해가 발생하면 피해를 수습하고 복구하는 것도 정부의 일이야.

또한 국가의 자원을 효율적으로 활용해서 국민들의 의료, 교육, 복지를 지원해. 국민들을 더 행복하고 잘살게 하는 것은 정부의 핵심적인 역할이지. 정부는 기업 활동을 돕고 나라 경제를 성장시키는 일에 온 힘을 다해. 미국이 관세를 무차별적으로 올리고 '무역 전쟁'을 벌이면 전 세계 경제가 흔들려. 이럴 때는 정부가 자국의 이익을 챙기고 손해를 줄이기 위한 협상에 나서지. 정부는 외교활동을 통해 우호적인 대외환경을 만들고, 이웃 국가들과의 군사적 긴장을 해소하고, 개발도상국에 원조를 제공해서 국제사회에 기여하기도 해.

큰 정부와 작은 정부

큰 정부는 큰 조직과 예산을 갖고 많은 일을 하는 정부야. 작은 정부는 작은 규모로 최소한의 일만 하는 정부지. 둘 중 어떤 정부가 더 바람직한지는 오래된 논쟁거리야.

큰 정부는 경제에 적극적으로 개입하고 기업 활동의 여러 부분을 규제하지. 반면 작은 정부는 국방과 치안에만 집중하고 경제에 관해서는 폭넓은 자유를 허용해. 규제도 최대한 없애고 정부의 통제와 간섭이 없게 만드는 거야.

19세기에는 지금에 비하면 정부의 역할이 크지 않아서 작은 정부가 가능했어. 하지만 20세기 들어 경제 규모가 커지고 세계화가 이루어지면서 정부의 몸집도 그만큼 커지게 되었지. 1980년대에 자본주의 국가들은 큰 정부가 경제성장을 가로막는다며 다시 작은 정부를 추구했어. 그러다 1990년대를 거치면서 또다시 큰 정부의 필요성이 부각되기 시작해. 금융 정책, 환율과 물가 조절, 무역 정책 등에서 정부의 역할이 매우 중요해졌다는 뜻이야. 특히 부실한 금융자본 문제로 생긴 글로벌 경제 위기를 겪으면서 자본시장에 대한 규제 목소리가 높아졌지.

큰 정부와 작은 정부 중 뭐가 정답이라고 딱 잘라서 말할 수는 없어. 일반적으로 진보적 성향의 정부는 '큰 정부'를, 보수적 성향의 정부는 '작은 정부'를 추구하는 경향이 있지.

이처럼 정부가 하는 일은 손에 꼽을 수 없을 정도로 많아. 도로나 항만 같은 인프라를 건설하고, 외교활동을 하고, 전투기를 사고, 학교와 병원을 짓고, 빈곤층에게 보조금을 주는 이 모든 활동을 하려면 엄청난 재원이 필요하지. 대한민국 정부의 경우 2025년 한 해 동안 670조 원의 예산을 집행했어. 그 돈은 여러 기업과 개인들이 힘들게 벌어서 낸 세금이야. 말 그대로 피땀 어린 '혈세'인 그 돈을 효율적으로 사용해서 국익을 늘리고 국민 개개인의 삶을 풍요롭게 하는 것이 정부의 임무야.

미국의 4대 대통령이었던 제임스 매디슨은 "인간이 천사라면 정부는 전혀 필요 없을 것이다"라고 말했어. 천사들처럼 완벽한 조화를 이루는 이상적인 세상은 현실에는 존재하지 않지. 모든 개인들은 각자의 이익을 추구하며 살아가고 그 과정에서 숱한 이해충돌과 갈등을 겪게 돼. 이러한 갈등을 조정하면서 공동체 다수의 이익에 맞는 정책을 펼치고, 이를 통해 사회를 통합하는 것 또한 정부의 중요한 역할이야.

대통령제 국가에서 대통령은 정부를 대표하는 직책이야. 우리나라는 역대 정부에 김대중 정부, 노무현 정부, 문재인 정부처럼 대통령 아무개의 정부라고 이름을 붙이지. 또는 박정희 정권, 전두환 정권처럼 정치권력의 줄임말인 정권이라는 말을 쓰기도 해. 미국에서는 'Obama administration(오바마 행정부)' 'Trump administration(트럼프 행정부)'라는 표현을 주로 사용한

서울 한 기초자치단체의 2022년 지방동시선거 포스터. 기초단체장, 기초의원, 광역단체장, 광역의원을 한꺼번에 뽑기 때문에 동시선거라고 부른다.

다는 것도 상식 차원에서 알아 두자.

모든 정부는 저마다의 색깔과 추구하는 목표가 있어. 경제 개발, 민주화, 남북화해, 정보화, 인권과 복지 등등 그 시대에 주어진 과제나 시대정신을 이루려고 하지. 권위주의 국가에서 정부는 시민들을 통제하고 그 위에 군림하는 억압적 존재야. 하지만 민주주의 국가의 정부는 국민의 뜻을 받들어 봉사하는 조직이야.

정부의 임기가 끝나고 나면 공로와 과실에 대한 냉정한 평가가 기다리고 있어. 여론의 평가, 그리고 역사의 평가. 달리 말하면 당대의 평가와 후대의 평가인 셈이야. 두 가지는 일치하기도 하지만 때로는 상반되기도 해. 여론은 괜찮았는데 역사적 흔적이 희미한 것보다는, 당장의 평가는 좀 박하더라도 역사 속에 또렷이 기억되는 게 더 중요하겠지?

지역 주민들이 직접 대표자를 뽑아 그 지역의 행정을 운영하는 제도. 이 제도에 따라 자치를 담당하는 기관을 '지방자치단체(지자체)'라 한다. 우리나라에는 16개의 광역자치단체(특별시, 광역시, 자치도 등)와 226개의 기초자치단체(시, 군, 구)가 있다(2026 지방동시선거 기준).

지방자치제도는 '스스로 통치한다'는 뜻의 자치(自治)라는 말 그대로 지역 주민과 자치단체가 행정을 맡는 제도를 말해. 우리나라에는 대한민국 전체를 대표하는 중앙정부가 있어. 그리고 이와 독립적으로 각 지역의 지방정부, 즉 자치단체들이 행정 조직을 갖추고 다양한 정책들을 집행하고 있어.

지방자치단체는 줄여서 '지자체'라고도 부르는데, 크게 기초와 광역으로 나뉘어. 광역자치단체는 특별시(서울), 광역시(인천, 부산, 대구, 울산, 대전), 통합특별시(광주전남), 특별자치시(세종), 특별자치도(제주, 강원, 전북), 그리고 나머지 도(경기, 충남, 충북, 경남, 경북)까지 총 16개야. 그 밖의 시, 군, 구는 모두 기초자치단체에 해당하지. 우리나라 국민들은 4년에 한 번씩 치러지는 전국동시지방선거에서 자기 지역의 자치단체장(기초단체장, 광역단체장)과 지방의회(기초의회, 광역의회) 의원을 뽑아.

지방자치제도의 장점은 그 지역에 대한 관심과 이해도가 높은 주민들의 의견을 정책에 반영할 수 있다는 거야. 단체장과 의원들이 모두 주민들의 직접투표로 선출되기 때문이지. 우리 동네의 일을 우리보다 더 잘 아는 사람은 없을 테니까 말이야.

지방자치는 나라 전체에도 이로운 일이야. 중앙정부는 외교, 국방, 경제, 무역, 복지처럼 나라를 운영하는 데 필요한 큰 틀의 역할을 맡아. 지역에 관한 일을 지자체에 맡기는 대신 중앙정부는 나랏일에 집중해서 국가를 효율적으로 운영할 수 있어.

지방자치제도는 오래전부터 우리나라에서 시행되던 제도였는데 5.16 군사쿠데타 이후 폐지되었어. 그리고 1995년에 지방의회 의원과 지방자치단체장을 뽑는 선거가 다시 실시되면서 30년 만에 부활했어. 2026년 6월에는 제9회 전국동시지방선거가 실시될 거야.

국회의원 선거를 할 때는 각 선거구의 유권자들이 한 명에게만 투표하지만 지방선거는 좀 달라. 내가 속한 지역이 기초단체인 동시에 광역단체이기 때문이야. 예를 들어 내가 경기도 고양시에 살고 있다면, 기초의회인 고양시의회 의원과 광역의회인 경기도의회 의원을 따로따로 뽑아야 해. 서울시 마포구에 살고 있다면 기초의회인 마포구의회 의원과 광역의회인 서울시의회 의원을 각각 뽑아야겠지. 여의도에 나라 전체를 대표하는 국회가 있듯이, 각 지방자치단체에는 그 지역을 대표하는 지방의회가 있는 거야.

이때 지방자치단체장도 함께 선출하게 돼. 나라 전체를 책임지는 대통령과 중앙정부가 있듯이, 각 지역에는 그곳의 행정을 책임지는 자치단체장과 지방정부가 있기 때문이야. 고양 주민은 고양시장과 경기도지사를, 마포 주민은 마포구청장과 서울시장을 뽑아. 이렇게 여러 행정 단위의 단체장과 의원들을 한꺼번에 뽑기 때문에 '동시지방선거'라고 부르는 거야.

지방자치는 민주주의 실현에서 아주 중요해. 지역공동체 구성원들이 주도적으로 지역을 다스리는 일에 참여하고 의사결정을 할 수 있기 때문이지. 1995년에 지방자치제도가 부활하기까지 많은 우여곡절이 있었어. 도입을 요구하는 시민들과 도입하기 싫어하는 권력 사이에 치열한 줄다리기가 있었거든. 그러니까, 한국의 지방자치제는 저절로 주어진 게 아니고 시민사회의 노력을 통해 쟁취해낸 제도인 셈이지. 한국의 민주주의가 치열한 민주화 운동의 산물이었던 것처럼.

자율은 아름다운 단어야. 인간은 누가 시키고 강제하는 것보다 스스로 하는 일에서 더 큰 기쁨을 느끼고 더 많은 능률을 끌어내지. 바로 그게 주체적 존재로서 인간의 본성이야.

학교에서 자율을 실천해볼 수 있는 장은 학생자치회야. 자치회는 교칙을 개정하거나 학교 행사를 기획해. 학생들의 의견을 모아 교장선생님에게 건의하기도 해. 또 학생자치 법정에서는 학생들이 재판을 열어 교칙을 어긴 친구에게 벌칙을 선고하기도 하지. 이렇듯 공동체의 의사결정에 참여하는 건 굉장히 소중하고 가치 있는 경험이야. '스스로를 통치한다'는 민주주의의 기본 원리를 미리 연습한다고 볼 수 있어.

지방자치제도를 흔히 '풀뿌리 민주주의'라고 불러. 풀뿌리는 보통사람들을 뜻하고 한자로는 '민초(民草)'라고 하지. 풀뿌리 민주주의는 정치 엘리트들의 일방적이고 권위적인 통치가 아니라 평범한 시민들이 자발적으로 참여하는 민주주의야.

우리나라는 진작에 사라지지 않은 게 신기할 정도로 수많은 국가 존망의 위기를 겪었어. 그럴 때마다 민초들은 스스로 의병을 일으키고 파괴된 나라를 복구했지. 이러한 역사는 민초들이 스스로를 다스릴 힘과 지혜가 있음을 분명하게 보여주었어. 지방자치제도는 그러한 민초의 능력을 재확인하고 입증하고 강화시키는 제도라고 할 수 있지.

국가가 다양한 복지 서비스를 통해 구성원들의 최소한의 삶을 보장해주는 제도. 기초생계비, 주거, 의료, 교육, 일자리 등 생존에 꼭 필요한 요소들을 제공함으로써 인간다운 생활을 유지할 수 있도록 돕는다.

사회보장은 국가공동체가 구성원들의 최소한의 삶의 질을 보장해주는 제도야. 기본적인 생계비와 주거, 의료, 교육, 일자리 등 생존에 필요한 요소들을 제공해서 경제적 어려움을 겪는 국민을 보호하고 인간다운 생활을 살게 해주지. 사회보장을 흔히 '사회 안전망'이라고 불러. 공사장에 안전망을 쳐놓으면 추락해도 목숨을 건질 수 있는 것처럼, 사회 구성원들이 아무리 어려운 상황에 처해도 버틸 수 있도록 보호해주는 거야.

공동체가 약자를 돌보는 것은 인류의 전통문화 곳곳에서 찾아볼 수 있어. 고대와 중세에도 사회적 약자를 돕고 보호하는 관습과 제도가 있었어. 현대국가에서 사회보장은 국가의 중요한 역할이자 기능이야.

사회보장은 크게 사회보험과 공공부조로 나눌 수 있어. 우리나라를 기준으로 각각의 내용을 한번 알아보자.

우리나라의 사회보험으로는 흔히 '4대 보험'이라고 부르는 국민연금, 건강보험, 고용보험, 산재보험이 있어. 산재보험은 전액 사용자 부담이고, 건강보험·국민연금·고용보험은 사용자와 근로자가 절반씩 부담해. 만약 내 월급이 100만원이라면, 4대 보험료를 떼고 실제 받는 돈은 90만원 정도야. 직장인이 아닌 경우 건강보험과 국민연금의 지역 가입자로서 소득에 따라 보험료를 납부하게 되어 있어.

물론 돈을 그냥 '뜯어가는' 건 아니겠지? 보험의 원리는 개개인에게 닥칠 수 있는 위험을 사회가 함께 나눠서 아주 작게 만드는 거야. 구성원 모두가 조금씩 기여해서 큰 자금을 만들고, 누군가 병들거나 일자리를 잃거나 큰 사고를 당하면 그 돈으로 지원해줄 수 있지. 누구나 그 혜택을 받을 수 있으니까 사회가 훨씬 더 안정적으로 돌아가게 되는 거야.

공공부조는 사회적 약자나 소외계층이 최저생활을 유지하도록 국가가 돕는 것을 말해. 경제적 형편이 어려운 이들에게 매달 지급하는 생계급여, 저소득층 노인들에게 매달 지급되는 기초연금 등이 여기에 해당해. 수입이 끊겨서 생계에 어려움을 겪는 사람들, 소득은 있지만 일정 기준 이하인 사람들, 노년에 돌봐줄 가족이 하나도 없는 사람들에게 국가가 예산을 할당해서 도움을 주는 거야. 공동체의 구성원이라면 누구나 인간답게 살 권리가 있으니까.

공공부조의 수급 요건은 법으로 정해져 있어. '국민기초생활보장법'에는 생계급여, 의료급여, 주거급여, 교육급여가 어떤 기준에 의해 지급되는지 상세하게 나와 있지. 이 요건에는 해당되지 않지만 그에 못지않게 형편이 어려운 사람들을 '차상위 계층'이라고 하는데, 그들에게도 다양한 공공부조 서비스가 제공되고 있고 선정 요건이 조금씩 완화되고 있어. 잠재적 빈곤층을 지원해서 생활 수준을 향상시키는 건 그 자체로도 의미가 있고, 미래의 복지 지출을 줄인다는 점에서도 꼭 필요한 정책이라고 할 수 있지.

사회보장이 왜 필요한지에 대해서, 사람은 서로 돕고 살도록 되어 있다는 착하고 당연한 말씀 말고 현실적 이야기를 해보자. 사회보장제도는 단순히 경제적 약자만을 위한 것이 아니야. 사회 전체를 잘 굴러가게 하기 위해서도 반드시 필요하지. 유럽에서 처음 연금제도가 생겼을 때는 국민의 최소한의 생계를 보장한다는 목적도 있었지만, 사회 전체의 구매력을 유지해서 산업과 시장을 활성화하려는 의도도 있었어. 모두가 빈곤에 빠지면 기업이 만든 상품을 누가 사주겠어? 또 누가 돈을 벌어서 세금을 내고 국가를 지탱할 수 있겠어? 사회보장은 국가경제를 유지하고 발전시키는 중요한 수단이야.

가난과 불평등이 심하고, 아파도 돈이 없어 치료받지 못하고, 아이들이 가난 때문에 교육받지 못하는 사회를 좋다고 할 사람은 없어. 사회보장제도는 우리 사회 전체의 평균을 끌어올리는 지렛대 역할을 해. 모든 구성원들이 인간으로서 존엄을 지키고 최소한의 삶을 보장받을 수 있는 사회는 그만큼 더 안전하고 신뢰할 수 있는 사회야. 그런 사회가 주는 혜택과 긍정적인 영향은 부자든 가난뱅이든 모든 구성원들에게 골고루 돌아가겠지.

서유럽과 북유럽 국가들은 세계에서 가장 높은 수준의 사회복지를 제공하고 있어. 반면에 미국처럼 개인의 능력과 그에 따른 해결을 우선시하고 국가 차원에서는 최소한의 복지만 제공하는 나라도 있지. 정도의 차이는 있지만, 복지국가는 현대 국가의 기본 모델로 자리잡고 있어. 정권이 바뀐다고 해서 기존의 복지 수준을 심하게 끌어내리거나 이미 존재하고 있던 서비스를 없애는 건 불가능에 가까워.

우리나라는 비교적 높은 삶의 질과 사회보장제도를 갖춘 나라야. 하지만 OECD 기준으로 보면 여전히 뒤처져 있어. GDP 대비 사회복지 비용은 OECD 평균이 20%인 반면, 우리나라는 아직 15%에 머물고 있거든. 특히 노인 빈곤율은 38%로 OECD 국가들 중 가장 높아. 고령화가 가파르게 진행되고 있는 상황에서 이건 아주 심각한 문제야.

그럼에도 불구하고 사회보장 확대에 대해 비판적인 시각은 여전히 있어. 복지를 늘리면 국가 재정이 악화돼 경제 위기를 불러온다는 거야. 사람들이 일을 안 하고 복지에만 의존하는 '복지병' 현상이 생길 수 있다는 우려도 있어. 하지만 부의 편중과 사회 양극화를 고려할 때, 사회보장은 더 나은 세상을 만드는 데 꼭 필요한 장치야.

이제 "사회복지=불쌍한 사람들 도와주는 일"이라는 시혜적 관점에서 벗어나야 해. "사회복지는 모든 사회 구성원들의 보편적 권리이자 국가의 의무"라는 게 훨씬 더 정확하고 시대 흐름에 맞는 시각이야.

공동체 구성원들이 대표자를 뽑아서 주권을 위임하고 자신들의 뜻을 대변하도록 하는 정치제도. 현대 민주주의 국가들은 대부분 대의제를 통한 간접민주주의를 채택하고 있다.

'대의(代議)'는 다른 사람의 뜻을 대변한다는 의미야. 국가의 주권은 국민들에게 있지만 모든 국민들이 국가의 결정에 다 참여할 수 없어. 국민이 투표로 대표자를 뽑고, 그 대표자가 국민의 뜻을 대신해 정치에 참여하는 것이 대의제야. 이런 제도를 간접민주주의라고도 해.

우리나라에서 인구가 가장 적은 지방자치단체는 인구 약 9천 명의 울릉군이야. 하지만 이렇게 작은 동네라도 직접민주주의는 거의 불가능해. 9천 명이 한곳에 모여서 뭔가를 토론하고 결정하려면 시간과 돈과 노력이 너무 많이 들겠지. 게다가 일반 사람들이 일일이 결정하기 어려운 일들도 많아. 을릉도 앞바다의 해양오염을 막거나 희귀생물을 보호하는 일은 과학자나 정책 담당자의 전문적 의견이 필요하지. 그래서 자기들을 대신할 대표자를 뽑아 국회나 지방의회로 보내서 공동체의 일을 담당하게 하는 거야.

행정을 담당하는 공무원은 시험으로 뽑아. 9급 시험, 7급 시험, 행정고시 등등. 하지만 공직 선출은 전혀 달라. '국회의원 선발 공채시험' 같은 건 없지. 국민 의사를 대변할 사람은 선거를 통해 국민들의 선택을 받아야만 해.

"홍길동을 국회로 보냅시다." 국회의원 선거 때마다 흔히 듣는 말이지. 정확히 말하면 "우리의 뜻을 대신할 수 있게 홍길동을 국회로 보냅시다"라는 뜻이야. 만약 홍길동이 당선된다면, 그는 주권자인 국민으로부터 권력을 잠시 위임받은 거야.

'위임(委任)'은 다른 사람에게 일을 맡긴다는 뜻이야. 부모님끼리 여행을 떠나면서 형이나 언니에게 "동생 밥 잘 챙겨주고 잘 돌보고 있어"라고 하면 동생 돌보는 일을 '위임'하는 거야. 원래 그 사람 몫이 아닌 권한과 책임을 임시로 맡기는 거지.

대의제 민주주의에서 권력자의 권한은 잠시 위임받은 것에 불과해. 우리나라에서 최고의 권력을 지닌 사람은 대통령이야. 대통령이 행사하는 권력의 원천은 뭘까? 그 권력을 위임해준 주권자들, 즉 국민들이지.

2025년 제20대 대통령 선거의 유권자는 4,419만 명이었고, 그중 투표장에 나온 사람은 3,406만 명이었어. 이들이 각자의 작은 권력을 모아 대통령에게 막중한 권한을 위임한 거야. 다만, 그 권력은 5년이라는 한정된 임기 동안만 행사할 수 있지. 국회의원들 역시 자기 지역구의 유권자들로부터 한시적으로 권력을 위임받은 사람들이야.

대의제는 민주주의를 구현하기 위한 효과적인 제도지만 한계가 있어. 선거로 대표자를 뽑아도 그가 항상 국민의 뜻을 충실히 따르지는 않아. 선거 전에는 국민의 뜻을 받들겠다고 철석같이 약속해놓고, 막상 당선된 뒤에 태도가 바뀌기도 해. 정치인들은 때로 국민의 요구보다 자기가 속한 정당의 뜻을 따르기도 하고, 정치적 계산에 따라 움직이기도 하고. 개인적 이익에 몰두해 국민이 시킨 일은 까맣게 잊어버리기도 해.

이러한 한계와 결함이 있지만 대의제보다 나은 민주적 의사결정 제도는 아직 찾기 어려워. 그렇다면 선출된 대리인이 주권자의 뜻을 잘 따르게 할 방법은 없을까? 전혀 없는 건 아니야. 다

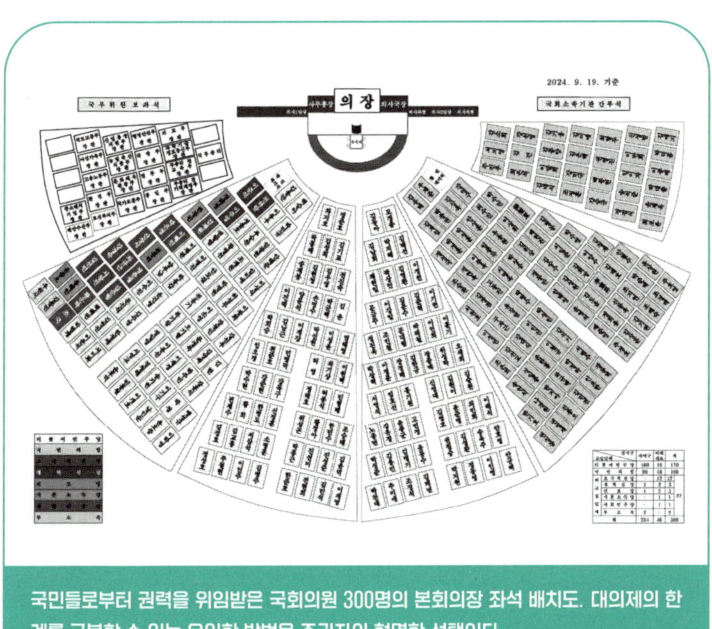

국민들로부터 권력을 위임받은 국회의원 300명의 본회의장 좌석 배치도. 대의제의 한계를 극복할 수 있는 유일한 방법은 주권자의 현명한 선택이다.

음번 선거에서 다른 선택을 하면 돼. 만약 어떤 지역에서 자질에 논란이 있는 후보가 계속 당선된다면, 그 사람을 탓하기 전에 스스로를 돌아볼 필요가 있어. "모든 국민들은 그들의 수준에 맞는 지도자를 가진다"라는 격언을 곱씹으면서.

껑	당

동일한 정치적 의견을 지닌 사람들로 구성된 단체. 각급 선거에 후보자를 공천하며, 정치권력을 획득하여 자신들의 정치적 노선을 실현하는 것을 최종 목표로 삼는다.

정당은 정치적 뜻과 주장을 함께하는 사람들의 단체야. 국민들의 지지를 받아 정치권력을 얻고자 하고, 그 권력으로 자기들이 옳다고 믿는 정책을 추진하려 하지. 모든 정당들이 자기들의 꿈과 가치관과 미래의 청사진을 국민들에게 밝히는 이유는 오직 하나, 권력을 차지하기 위해서야.

뜻이 맞는 친구들과 무리를 지어 학교 텃밭 가꾸기, 연극 공연, 모둠 과제, 봉사활동 같은 공동의 프로젝트를 해본 경험이 다들 있을 거야. 혼자 할 때와는 또 다른 성취감을 맛볼 수 있지. 각자의 강점을 살리고 부족한 점을 서로 채워줄 수 있어. 함께하는 친구들이 있다는 사실만으로 힘이 솟아나고 쉽게 좌절하지 않게 돼.

정치는 같은 생각과 목적을 지닌 사람들을 모아 조직을 만들고 세력을 키워나가는 과정이야. 정치인들이 정당을 만들면 그에 동의하는 일반 시민들도 당원으로 참여하지. 정당은 또한 여러 분야의 인재들을 폭넓게 영입해. 그래야 좋은 정책들을 제시해서 국민들의 지지를 얻을 수 있고, 집권 후에 실제로 그 정책들을 집행할 수 있으니까.

국회의원이나 대통령 선거 때가 되면 각 정당은 후보자를 공천하게 돼. '공천'은 정당의 이름으로 어떤 후보자를 공식적으로 추천하는 것을 말해. 아무 정당에서도 공천을 받지 못한 사람은 무소속으로 출마할 수도 있어. 우리나라는 해묵은 지역감정 때문에 특정 정당 후보가 무조건 당선되는 지역이 상당히 많아. 그러다 보니 정당의 공천 자체가 '당선 티켓'이나 마찬가지일 때가 있어. 그래서 공천을 둘러싸고 이런저런 갈등과 잡음이 생기기도 해.

정당의 의사결정 단위는 여러 가지야. 평소에는 당 대표와 최고위원들로 구성된 최고위원회가 이런저런 안건들을 처리하지. 좀더 중요한 안건은 당원들에 의해 선출된 대의원들로 구성된 대의원대회에서 결정해. 당 대표나 대통령 후보를 뽑을 때는 모든 당원들이 참여하는 전당대회를 열고 투표를 진행하는데, 경쟁이 치열할수록 전당대회의 열기도 그만큼 높아지지.

당원은 그 당의 정강정책에 동의하여 가입 원서를 낸 사람들을 뜻하는데, 당원 명부에 올라 있는 인원들 중 상당수는 무늬만 당원이야. 별 관심도 없고 활동도 하지 않으면서 이름만 올려놓은 사람들이지.

이런 '허수'를 걸러내기 위해서, 우리나라 정당들은 일정 기간 동안 일정 금액 이상 당비를 납부한 당원들에게만 투표권을 주고 있어. 진성당원, 권리당원, 책임당원 등 명칭은 다양하지만 조건은 비슷비슷해.

요즘엔 당원투표뿐 아니라 국민 여론조사까지 함께 실시해서 합산된 결과로 후보자를 정하기도 해. 여론조사 결과를 반영하는 비율은 정당마다 다르고, 같은 정당이라도 늘 일정하지는 않아. 서로 자기에게 유리한 방식을 채택하려고 후보자들끼리 치열한 줄다리기를 벌이기도 하지.

당 대표는 말 그대로 정당의 우두머리야. 의원내각제에서 다수당의 대표는 총리가 될 만큼 중요한 자리고, 대통령제에서도 정당 운영과 의사결정에 막강한 권한을 지니고 있지. 당의 2인자인 원내대표는 의회 내에서 정당을 대표하는 역할을 해. 당대표는 꼭 현역 의원이 아니어도 할 수 있지만 원내대표는 반드시 현역 의원이어야 해.

민주정치는 기본적으로 다당제를 채택하고 있어. 다당제란 3개 이상의 정당이 활동하는 정치체제를 말해. 다양한 정치적 입장들이 서로 경쟁하는 다당제는 민주주의의 필수요소 중 하나야.

그런데, 다당제라 해도 현실적으로는 두 개의 거대 정당이 번갈아가며 정권을 잡는 경우가 많아. 이것을 양당체제라고 하는데, 보수와 진보 성향의 두 정당이 경쟁하는 게 일반적이야.

미국은 공화당과 민주당, 영국은 보수당과 노동당, 독일은 기독민주당·기독사회당과 사회민주당, 호주는 자유당과 노동당이 정권을 주고받으며 경쟁하고 있어. 양당체제에서는 두 당의 정책이나 목표가 선명하게 대비되는 경우가 많아. 이때 제3당은 나름의 지지세를 기반으로 양당 사이에서 캐스팅보트 역할을 하면서 몸값을 높이기도 해. 의원내각제라면 다수당과 연립내각을 구성할 수도 있겠지.

우리나라도 해방 이후부터 줄곧 보수와 진보 계열의 두 정당이 양당체제를 유지해왔고, 지금은 더불어민주당과 국민의힘이 여당과 제1야당으로 활동하고 있어. 두 당 모두 오랜 역사적 뿌리가 있고, 번갈아 대통령을 배출하며 정권을 주고받아왔지.

특이한 건 다른 나라들과 달리 양쪽 다 정당 이름이 수시로 바뀌었다는 건데, 그건 이런저런 정치적 계산 때문이었어. 뭔가 중요한 이념적·정책적 변화에서 비롯된 개명은 아니었다는 거지. 그러다 보니, 정당의 본질적인 부분은 안 바뀌면서 '간판'만 바꾸면 그만이냐는 비판을 받는 경우도 많아.

<table>
<tr><th colspan="4">우리나라 양당체제가 배출한 역대 대통령들</th></tr>
<tr><th>째위</th><th>보수계열 정당이
배출한 대통령</th><th>진보계열 정당이
배출한 대통령</th><th>비고</th></tr>
<tr><td>1~3대</td><td>이승만
(자유당. 1948~1960)</td><td></td><td>4.19 혁명으로
하야</td></tr>
<tr><td>4대</td><td></td><td>윤보선
(민주당. 1960~1962)</td><td>5.16 쿠데타로
하야</td></tr>
<tr><td>5~9대</td><td>박정희
(민주공화당. 1963~1979)</td><td></td><td>10.26으로
서거</td></tr>
<tr><td>10대</td><td>최규하
(무소속. 1979~1980)</td><td></td><td>12.12 쿠데타로
하야</td></tr>
<tr><td>11~12대</td><td>전두환
(민주정의당. 1980~1988)</td><td></td><td>퇴임 후 구속
(반란죄 등)</td></tr>
<tr><td>13대</td><td>노태우
(민주정의당. 1988~1993)</td><td></td><td>퇴임 후 구속
(반란죄 등)</td></tr>
<tr><td>14대</td><td>김영삼
(민주자유당. 1993~1998)</td><td></td><td></td></tr>
<tr><td>15대</td><td></td><td>김대중
(새정치국민회의. 1998~2003)</td><td></td></tr>
<tr><td>16대</td><td></td><td>노무현
(열린우리당. 2003~2008)</td><td></td></tr>
<tr><td>17대</td><td>이명박
(한나라당. 2008~2013)</td><td></td><td>퇴임 후 구속
(뇌물, 횡령 등)</td></tr>
<tr><td>18대</td><td>박근혜
(새누리당. 2013~2017)</td><td></td><td>퇴임 후 구속
(뇌물수수 등)</td></tr>
<tr><td>19대</td><td></td><td>문재인
(더불어민주당. 2017~2022)</td><td></td></tr>
<tr><td>20대</td><td>윤석열
(국민의힘. 2022~2025)</td><td></td><td>12.3계엄으로
구속 후 탄핵</td></tr>
<tr><td>21대</td><td></td><td>이재명
(더불어민주당. 2025~)</td><td>재임 중</td></tr>
</table>

일당체제는 그 나라에 오직 하나의 정당만 존재하거나, 아니면 지배 정당과 허수아비 정당만 있는 경우야. 북한, 중국, 베트남, 쿠바 같은 공산주의 국가들이 대표적인 사례지. 이들 나라에선 공산당(또는 노동당)만 존재하고, 다른 정당은 일체 허용되지 않아.

일본은 좀 특이한 사례야. 다당제 민주주의 국가지만 정당 간의 정권교체가 거의 일어나지 않아. 일본의 정당하면 자민당밖에 안 떠오르지. 자민당은 1955년에 창당해서 몇 년 빼고는 쭉 집권해왔어.

서유럽은 정치적 자유가 폭넓게 허용되는 지역인 만큼 다양한 정당들이 있어. 각국의 양당체제를 이끄는 큰 정당들과 꾸준히 기반을 넓혀온 녹색당 외에도 종교를 기반으로 한 정당, 특정 언어와 민족을 대변하는 정당, 여성과 농민의 정당, 생태 정당, 동물복지당 등이 활발하게 활동 중이야. 노골적인 극우 또는 극좌 정당도 드물지 않아. 새로운 시대정신이 등장하고 사람들의 사고방식과 가치관이 바뀌면 그에 맞는 당이 새롭게 생기기도 해.

국회는 입법, 즉 법률 만드는 일을 맡는 국가기관이야. 국회의 구성원인 국회의원을 가리켜 '국민의 대표'라고 해. 주권자인 국민들의 직접투표에 의해 선출되고, 국민의 의사를 반영하여 나라를 통치하는 법을 만들기 때문이지. 국회의원 한 사람 한 사람을 독립적인 헌법기관이라 부르는 것도 그들이 맡고 있는 막중한 헌법적 역할 때문이야.

대통령이 되려면 40세 이상이어야 하지만 국회의원은 18세부터 출마할 수 있고 임기는 4년이야. 우리나라 역사상 최연소 국회의원은 1954년에 거제에서 만 25살로 당선된 민주당의 김영삼 의원이었어. 무려 72년 전의 기록인데, 언젠가 더 젊은 의원이 탄생해서 이 기록이 깨졌으면 좋겠어.

대한민국의 국회의원은 총 300명이야. 그중 254명은 지역구에서 뽑히고 46명은 비례대표로 선출돼. 비례대표는 각 정당의 전국 득표율에 따라 배분되지. '국회의원 총선거'를 흔히 '총선'이라고 불러. 그날 투표하러 간 유권자들은 2장의 투표용지를 받는데, 한 장에는 지역구 후보자들의 이름이 적혀 있고 다른 장에는 여러 정당들의 이름이 적혀 있어. 즉, 우리나라 총선은 1인 2표제야.

우리가 무법공화국 고담시에서 국회의원 투표를 한다고 가정해보자. 투표와 선출 방법은 아래 표와 같아.

국회의원 투표 및 선출 방법		
	지역구 국회의원	비례대표 국회의원
무엇을 대표하는가?	지역구(고담시)	전국(무법공화국)
무엇에 투표하는가?	지지 후보	지지 정당
투표용지	기호1번 : 홍길동(활빈당) 기호2번 : 임꺽정(의적당) 기호3번 : 장길산(협객당) 기호4번 : 전우치(도술당)	기호1번 : 활빈당 기호2번 : 의적당 기호3번 : 협객당 기호4번 : 도술당
어떻게 당선자를 가릴까?	지역구별로 가장 많이 득표한 후보	각 정당의 전국 득표율에 비례해서 비례대표 의석 배분

지역구 후보들 중 기호 3번 장길산 후보가 득표율 40%로 1등을 했다고 치자. 비례대표 투표에서는 기호 1번 활빈당과 2번 의적당이 전국에서 각각 30%를 얻었고, 나머지 2개의 당은 각각 20%를 얻었다고 치자. 무법공화국 국회의원 수는 300명, 그중 비례대표 수는 50명이라고 치자. 그러면 선거 결과는 이렇게 정리할 수 있어.

비례대표 제도는 왜 필요할까?

우리나라 국회의원 선거는 선거구별로 1명만 뽑는 소선거구
제야. 오직 1등만이 국회로 갈 수 있지. 고담시 후보들의 득표율
이 장길산 후보 40%, 나머지 후보들 60%라고 가정해보자. 당
선자는 장길산이지만 유권자의 60%는 다른 선택을 했어. 하지
만 국회에서 그들의 목소리는 전혀 반영되지 않아. '민의의 전
당'이라는 국회는 고담시 유권자들 중 40%만을 대변할 뿐이
고, 나머지 60%의 표는 이른바 '사표(死票)', 즉 버려지는 표가
되는 거야.

이와 달리 비례대표 제도는 정당의 전국 득표율에 따라서
의석을 배분하기 때문에, 유권자들의 지지도와 의석 수의 '비
례성'이 그만큼 높아지게 돼. 전국의 지역구에 일일이 후보를
낼 수 없는 작은 정당이나 이제 갓 창당한 당의 의회 진출 가능
성도 그만큼 높아지겠지? 우리나라에서 2004년 총선 때 민주
노동당이 급진적 성향의 진보정당으로서는 최초로 10명의 국
회의원을 배출할 수 있었던 것도 그때 처음 도입된 정당명부식

1948년 5월에 구성된 대한민국 제헌국회.
사상 최초로 국민들에 의해 직접 선출된 의원들이다.
[출처 : 국가지정기록물 온라인 전시관]

비례대표제 덕분이었어

유권자 지지도와 의석 수 사이의 비례성을 최대한 높이는 방법은 뭘까? 국회의원 전원을 비례대표 투표로 뽑는 거야. 그러면 30% 지지를 받은 정당은 전체 의석 수의 30%를, 15% 지지를 받은 정당은 의석 수의 15%를, 지지율 5%인 정당은 의석 수의 5%를 차지하게 돼. 그러면 유권자들의 뜻과 의회 구성 비율이 완전히 일치하겠지? 이론적으로는 이게 민의를 대변하는 가장 완벽한 방법이야.

실제로 독일에서 이런 제도를 실시하고 있어. 그걸 '독일식 정당명부제'라고 불러. 이 제도하에서는 사표가 없어. 유권자들은 혹시 자기 표가 버려질까 걱정할 필요 없이 소신껏 투표할 수 있게 되지. 거대 정당들뿐 아니라 녹색당, 좌파당처럼 작은 정당들도 의회 진출이 가능해지고, 의회는 그만큼 다양한 세력들이 다양한 의견들을 제시하는 토론의 장이 될 수 있는 거야.

하지만 우리나라의 비례대표 제도는 그것과는 좀 거리가 있어. 전체 의석(300석)의 15%인 46명만 비례대표로 뽑기 때문에 비례성이 그만큼 떨어진다고 할 수 있지. 게다가 거대 정당들이 비례대표용 '위성 정당'을 선거 때만 잠깐 만들었다가 나중에 흡수하는 식의 편법을 쓰는 바람에 비례대표제의 취지가 많이 훼손되고 있어. 이런 정치적 꼼수를 막고 비례성을 높일 수 있는 선거제도 개혁이 시급히 필요한 상황이야.

우리나라 1대 국회는 1948년 5월에 구성되었어. 사상 최초로 대한민국 국민들이 직접 선출한 이 '제헌국회'에서 상해 임시정부의 법통을 계승한 헌법을 만들었고, 국회의원들의 간접선거로 초대 대통령 이승만을 뽑았지.

국회와 행정부는 서로 견제하면서도 서로 없으면 안 되는 중요한 존재야. 행정부가 좋은 정책을 추진해서 성과를 내려면 반드시 법이 필요하고, 그 법을 만드는 게 바로 국회의 역할이기 때문이야.

국회는 법률 제정뿐 아니라 정부의 활동을 감시하고 견제해. 정부가 나라 살림을 위한 예산안을 짜서 제출하면 국회가 심사하고 승인하는 과정을 거쳐야 해. 그 과정에서 일부 항목이 사라지기도 하고, 금액이 늘거나 줄기도 해.

독재체제는 정부를 감시하고 통제하는 국회를 눈엣가시처럼 여겨. 그래서 쿠데타를 일으키면 가장 먼저 하는 일이 국회를 무력화시키는 거야. 우리나라에서는 1961년 5.16 쿠데타(박정희), 1972년 10월 유신(박정희), 1980년 5.17 쿠데타(전두환) 때 국회를 강제로 해산했어. 그때마다 야당과 시민들은 군사독재에 맞서 격렬하게 저항했지. 유신헌법과 제5공화국 헌법에 담겨 있던 대통령의 국회해산권은 1887년 6월 민주항쟁 이후 개헌 과정에서 폐지되었고, 지금은 누구도 국회를 강제로 해산시킬 수 없게 되어 있어.

　2024년 12.3 계엄 때도 윤석열 대통령이 불법적으로 선포한 계엄을 헌법 절차에 따라 해제한 것은 국회였어. 일촉즉발의 위기 상황에서 빠르게 대처한 국회가 없었다면 대한민국은 또다시 독재체제로 되돌아갔을지도 몰라. 이처럼 국회는 민주주의와 헌법을 지키는 든든한 방패 역할을 하는 기관이야.

상원과 하원

의회를 둘로 나눈 '양원제'에서 각각의 의회를 부르는 말. 하원은 국내 문제를, 상원은 외교와 국방 등 범국가적 문제들을 주로 다룬다. 단원제인 우리나라와 달리 미국을 비롯한 많은 나라들이 양원제를 실시하고 있다.

　의회가 둘로 나뉜 것을 '양원제' 또는 '이원제'라고 해. 양원제에서 의회는 상원과 하원으로 나뉘어 있어. 상원은 고대 로마의 원로원에서 유래했어. 라틴어를 어원으로 하는 영어 'senate'는 상원이라는 뜻과 로마 시대의 원로원이란 뜻을 모두 담고 있지.

　우리는 여의도에 딱 하나 있는 국회에 익숙하지만, 우리나라에서도 4.19 혁명 이후 잠시 양원제가 도입된 적이 있었어. 민의원(하원)과 참의원(상원)을 두고, 대통령제가 아닌 의원내각제를 채택했지. 양원제는 원래 1953년의 1차 개헌 때 도입되었지만 제대로 시행이 되지 않다가 4.19 이후에야 제대로 구성되었어. 하지만 5.16 쿠데타 이후에 국회가 강제로 해산되면서 역사의 뒤안길로 사라져버렸어.

세계적으로 많은 나라들이 양원제를 채택하고 있어. 대표적인 나라는 미국이야. 미국의 상원은 각 주에서 2명씩 총 100명으로 구성되어 있어. 상원은 주로 외교와 국방을 비롯한 범국가적 문제들을 다루는 곳이야. 또 장관, 대사, 대법관 등 고위 공직자 임명 승인권과 대통령 탄핵 재판권 등을 갖고 있어.

하원은 각 주의 인구 비율에 따라 뽑는데 현재 총 435명의 의원이 있어. 하원은 국내 문제, 예산 관련 법안, 대통령 탄핵소추권, 그리고 국민의 다양한 요구사항들을 다루지. 임기는 하원의원이 2년, 상원의원은 6년이야. 그런데 선거는 똑같이 2년에 한 번씩이야. 하원의원 선거를 할 때 상원의원의 3분의 1을 새로 뽑으면서 계속 물갈이를 하는 방식이야.

미국에서 새로운 법을 통과시키려면 상·하원 양쪽의 동의가 필요해. 상원과 하원은 법안을 놓고 광범위한 토론을 벌인 뒤에 표결을 실시해. 상원과 하원이 모두 법안을 승인하면 대통령이 서명하고 법이 발효돼. 만약 대통령이 거부권을 행사하면 그 법안은 의회로 되돌아와. 상원과 하원은 다시 토론을 해서 그 법을 고칠 수 있어.

미국에서 대통령을 탄핵하려면 어떤 절차가 필요할까? 일단 하원에서 과반수가 탄핵소추안에 찬성해야 해. 그러면 상원에서 그 안건을 넘겨받아 최종 결정을 하게 되지. 미국엔 헌법재판소가 없기 때문에, 우리나라 헌법재판소에서 하는 탄핵 심판을 상원에서 하는 거야.

민주주의 체제에서 권력이나 권한을 나눠놓는 건 견제와 균형을 위해서야. 누군가 권력을 독점해 마구 휘두르는 것을 방지하는 것이지. 양원제에서는 의회와 행정부가 서로 견제할 뿐 아니라, 의회도 상원과 하원으로 나뉘어 서로 힘을 겨루고 견제하며 균형을 이뤄. 하나의 법률이 제정되려면 두 개의 의회를 모두 통과해야 하니까 최대한 신중하게 법안을 만들어야 해. 그 과정에서 문제점들이 충분히 걸러지고 수정될 수 있는 거지. 그만큼 시간이 오래 걸린다는 단점이 있긴 하지만.

미국에서는 상원의원 중에서 대통령이 여럿 배출되었어. 케네디, 존슨, 닉슨, 오바마가 모두 상원의원 출신의 대통령이야. 한국계 최초로 미국 상원의원이 된 사람도 있는데, 2024년에 뉴저지 주에서 당선된 앤디 김이 그 주인공이야.

필리버스터

의회 다수당이 일방적으로 법률안을 통과시키는 것을 막기 위해 소수당이 진행하는 무제한 토론. 표결을 최대한 늦추면서 다수당의 문제점을 부각시켜 여론을 변화시키고자 하는 합법적 의사진행 방해 전술이다.

필리버스터(filibuster)는 의회 연단에서 오랫동안 발언을 해서 다수당이 법안을 통과시킬 수 없도록 막는 행위를 말해. 말하자면 합법적 의사진행 방해인 셈인데, 우리나라 국회법에는 '무제한 토론'으로 표기되어 있어. 하지만 정치권이나 언론에서는 원어 그대로 필리버스터라는 말을 쓰는 경우가 많아.

필리버스터는 스페인어 'filibustero'에서 온 말로 원래는 해적질이란 뜻이야. 영화 〈캐리비안의 해적〉에 나오는 것만큼 무시무시하지는 않지만, 아무튼 선박들의 바닷길을 가로막는 행위를 가리키는 말이지. 옛날 식민지 시대에는 중남미로 가기 위해 캐리비안(카리브해)을 지나는 스페인 배들이 실제로 해적들에게 종종 약탈을 당했다고 해.

그 말이 왜 정치 용어가 되었는지 대충 짐작이 되겠지? 의회에서 법안을 통과시키려면 찬반투표를 거쳐야 하는데, 뱃길을 막는 해적처럼 투표 자체를 아예 못 하게 만드는 거야.

가령 여당에서 '청소년 커피 섭취 금지에 관한 법률안'을 냈다고 가정해보자. 야당 의원이 이 법안에 반대한다며 연단에 섰어. "이런 법이 세상에 어디 있습니까? 청소년에게는 커피가 꼭 필요합니다. 왜냐하면……." 이렇게 시작된 발언은 5시간, 10시간이 지나도 끝나질 않아. 할 얘기가 바닥나면 갑자기 커피의 역사, 커피믹스와 원두커피의 차이 등등 법안과 전혀 무관한 이야기를 할 수도 있고, 관련 서적을 천천히 낭독할 수도 있어. 어쨌든 찬반투표로 넘어가지 않도록 최대한 시간을 끄는 게 목적이니까.

대한민국 최초의 필리버스터는 1964년에 있었어. 당시 야당이었던 김대중 의원이 동료 국회의원 체포동의안 통과를 막기 위해 5시간 넘게 의사진행 발언을 했지. 그렇게 해서 여당의 동의안 처리를 좌절시켰어. 체포동의안을 처리하면 안 되는 이유를 5시간 동안 원고 한 장 없이 줄줄 읊었다는 거야. 김대중 의원은 당시에나 훗날 대통령이 되어서나 논리적이고 막힘 없는 달변으로 유명했지.

어원은 해적질이지만 필리버스터는 엄연히 합법적인 행동이야. 국회법에 따르면, 재적의원 3분의 1 이상이 요구하면 국회 본회의 안건에 대해 시간제한 없이 '무제한 토론'을 할 수 있어. 일단 필리버스터가 시작되면 한밤중에도 회의가 중단되지 않고 계속 이어지게 돼. 우리나라에서 필리버스터는 1973년 유신독재 시절에 폐지되었다가 2012년에 여야 합의로 다시 부활했어.

2016년에는 '테러방지법'을 막기 위한 필리버스터가 있었어. 당시 여당이던 새누리당이 발의한 테러방지법에 독소조항이 많다며 야당에서 무제한 토론을 요청한 거야. 8일 동안 39명의 야당 의원들이 짧게는 3~4시간, 길게는 10시간 넘게 이어달리기 식으로 반대토론을 벌였지. 나중에 그 법안은 결국 통과되었지만, 야당이 나라 안팎의 이목을 집중시키며 존재감을 분명하게 드러낸 성공적 필리버스터였다는 평가를 받았어.

의원들은 왜 이런 고생을 하는 걸까? 의사진행을 고의로 방해하는 건 옳지 않은 일 아닐까? 필리버스터에 대해 비판적인 사람들은 이 제도가 의사진행을 지연시키고 쓸데없는 혼란을 준다고 생각하지. 어차피 다수결로 결정하는 건데, 며칠 늦춘다고 무슨 의미가 있냐는 거야.

하지만 필리버스터는 민주주의 원칙을 위해 마련한 장치야. 물론 최종 결정은 다수결로 하지만 그 과정에서 다양한 의견들이 검토되고 토론되어야 해. 만약 다수당이 무엇이든 마음대로 할 수 있다면 소수당의 의견은 번번이 묵살되겠지? 그럴 때 필리버스터로 제동을 걸고 버티면 다수당은 좋건 싫건 협상에 나서야 하고, 소수당의 의견에도 귀를 기울일 수밖에 없어. 소수에게 합법적 방해를 보장함으로써 다수당과 소수당의 토론과 협상과 타협을 이끌어내는 것. 바로 그게 필리버스터의 본질이자 목적인 거야.

국회에서 어떤 안건을 처리하기 위해 다양한 사람들의 의견을 청취하는 활동. 대통령이 지명한 고위 공직자(국무총리, 장관, 감사원장 등) 후보의 자격과 능력을 검증하기 위한 인사 청문회, 법률 제정을 위해 전문가와 이해 당사자들의 의견을 듣는 입법 청문회 등이 있다.

청문회(聽聞會)의 '청'은 '들을 청'이고 '문'도 '들을 문'이야. 즉, 청문회는 모여서 함께 듣는다는 뜻이야. 영어로는 청문회를 'hearing'이라고 하는데, 그 단어의 의미를 살려서 '듣기'를 강조한 청문회라는 번역어가 생겨난 것 같아.

청문회의 종류는 여러 가지야. 국회에서 어떤 법률을 만들고자 할 때는 전문가들과 이해 당사자들의 의견을 듣는 입법 청문회를 열고, 대통령이 고위 공직자 후보를 발표하면 그 사람을 불러서 자격과 능력을 검증하는 인사 청문회를 열어. 사회적으로 이슈가 되는 큰 사건이 터지면, 국회가 그 사건에 대해 국정조사를 벌이면서 관련자들을 불러 청문회를 열기도 하지.

학교폭력위원회(학폭위)에 가본 적이 있어? 부디 안 가봤기를 바랄게. 학폭위는 의견을 듣는 자리라는 점에서 청문회와 비슷하다고 볼 수 있어. 피해 학생, 가해 학생, 보호자의 이야기를 듣고 질의응답을 하지. 모든 이야기를 듣고 최종 결론이 나면 가해 학생은 잘못을 사과하고 봉사활동을 하기도 해. 심한 잘못을 했다면 출석 정지나 강제 전학을 당하기도 하고.

우리나라 최초의 청문회는 1988~1989년에 있었던 '5공 비리 청문회'였어. 전두환 정권(제5공화국)의 부패와 비리, 그리고 5.18 광주민주화운동 당시 시민들을 학살했던 사건의 진상 조사를 위한 것이었지. 당시 국회의원들은 얼마 전까지 대통령으로서 막강한 권력을 휘둘렀던 전두환을 매섭게 질타했고, 이 과정이 TV로 생중계되었어. 그 청문회에서 전직 대통령과 대기업 회장을 매섭게 추궁하며 송곳 질문을 퍼부어 스타가 된 사람이 바로 훗날 대통령이 되는 노무현 의원이었어.

인사 청문회는 TV 뉴스에서 흔히 볼 수 있지. 인사는 '사람을 쓰는 일'이란 뜻이야. 인사 청문회의 대상이 되는 사람은 국무총리, 대법원장, 감사원장, 국세청장, 경찰청장, 검찰총장, 국가인원위원회 위원장 같은 고위 공직자들과 각 부처의 장관들이야. 인사 청문회가 열리면 국회의원들은 후보자가 과연 그 자리에 적합한 인물인지, 법적·도덕적으로 결함은 없는지 치밀하게 심사하고 검증하는데, 그 모든 과정을 TV나 인터넷에서 실시간으로 볼 수 있어.

인사 청문회에서 단골로 나오는 주제들을 알아보자. 이 글을 읽는 독자들 중에 혹시 나중에 고위 공직자가 될 사람이 있을지도 모르잖아.

부동산 위장전입은 자기 주소를 허위로 등록하는 거야. 실제로는 대전에 살면서 주소만 서울로 옮겨놓는 식이지 . 부동산

편법 매매, 자녀들의 학군 변경 등이 주된 이유인데 불법이니까 절대로 해서는 안 돼. 논문을 쓸 때 남의 논문을 표절하는 것도 절대 금지야. 인용하고 싶다면 반드시 출처를 밝히고 인용 표시를 해야 돼. 법인카드로 몰래 빵을 사먹으면 나중에 다 들통나니까 먹고 싶어도 꾹 참아. 법인카드는 오직 업무 용도로만 써야 한다는 얘기야. 재산 신고는 빠뜨리지 말고 정직하게 하고, 부정한 방법으로 군 입대를 피하거나 음주운전을 하는 건 아예 상상조차 하지 마.

인사 청문회에서 문제가 발견되고 여론이 안 좋아지면 대통령이 임명을 철회하거나 후보자가 자진해서 사퇴하기도 해. 하지만 국회의 반대에도 불구하고 대통령이 임명을 강행하는 경우도 있지. 원래 인사 청문회는 후보자의 능력을 검증하는 절차인데, 우리나라에서는 부동산이나 세금 같은 윤리적 문제가 더 중요하게 부각되는 경우가 많아. 아무리 탈탈 털어도 걸리는 게 하나도 없는 모범적인 공직 후보자가 많이 나왔으면 좋겠어.

법
과
정 치

헌 법
개 헌
헌 법 째 판 소
법 률 안 (법 안)
법 치 주 의
사 법 부
특 별 검 사 제
탄 핵

헌 | 법

국가 운영의 근본이 되는 법. 국가의 통치구조와 작동원리, 국민 기본권을 규정하고 있으며 모든 하위 법률에 우선하는 최고법이다.

헌법은 국가의 가장 근본적이고 기초적인 법이야. 수많은 법 중에서 으뜸가는 법, 모든 법이 따라야 하는 최고법(supreme law)이라고 할 수 있지.

헌법 밑에는 민법, 형법, 근로기준법, 청소년보호법 같은 개별 법률들이 있어. 그 밑에는 대통령이나 국무총리가 정하는 '명령'이 있고, 그 아래로 지방의회에서 제정하는 '조례'와 지방자치단체장이 정하는 '규칙'이 있지. 군대에 사단장-여단장-대대장-중대장-소대장 같은 계급 서열이 있듯이, 국민들이 지켜야 하는 법규에도 위계가 있다는 얘기야.

① 헌법 : 국가의 통치구조와 작동원리, 국민 기본권을 규정한 최고법.

② 법률 : 민법, 형법, 노동법 등과 같이 국민 생활과 관계된 법.

③ 명령 : 법률을 집행하기 위해 행정부가 만드는 법규(대통령령, 국무총리령 등).

④ 조례 : 지방의회가 제정하는 자치법규(서울시 건축조례, 경기도 경관조례 등).

⑤ 규칙 : 지방정부 운영을 위해 지방자치단체장이 정하는 자치법
규(서울시 인사규칙 등).

여기에는 중요한 원칙이 있어. 하위법이 상위법을 위배하면 안 돼. 법률이 헌법에 위배되면 위헌이 되고, 명령이 헌법이나 법률에 위배되면 당연히 무효야. 달리 말하면, 언제나 상위법이 하위법에 우선하여 적용된다는 뜻이지. 이걸 '상위법 우선의 원칙'이라고 해. 소대장이 상급자인 사단장의 명령을 거스를 수 없듯이, 대통령령이나 서울시 조례가 상위법인 헌법과 법률을 위반할 수는 없는 거야.

헌법을 영어로 'constitution'이라고 하는데, 동사형인 constitute는 '구성하다, 이루다'라는 뜻이야. 즉, 헌법은 한 국가의 기초를 이루고 구성하는 법이야. 국가를 조직하고 운영하는 방법, 국민의 기본권에 관한 내용 등을 담고 있지. 그래서 어떤 국가건 나라를 처음 세우거나 식민지에서 해방될 때는 헌법을 제정하는 일이 최우선이야. 헌법이 있어야만 그에 따라 정치가 이루어지고 국가가 운영되기 때문이야.

우리나라는 일제강점기와 미군정 시기를 끝낸 후 1948년 5.10 총선을 통해 첫 국회인 제헌국회를 구성했고, 거기에서 헌법을 만들어 1948년 7월 17일 공포했어. 그래서 그날이 제헌절이야. 바로 그때부터 대한민국의 헌정사가 시작된 거지. 전례

대한민국 헌법은 1948년 제헌국회에서 제정되어 그해 7월 17일에 공포되었다. 그래서 그날이 제헌절이다. (출처 : 국가지정기록물 온라인 전시관)

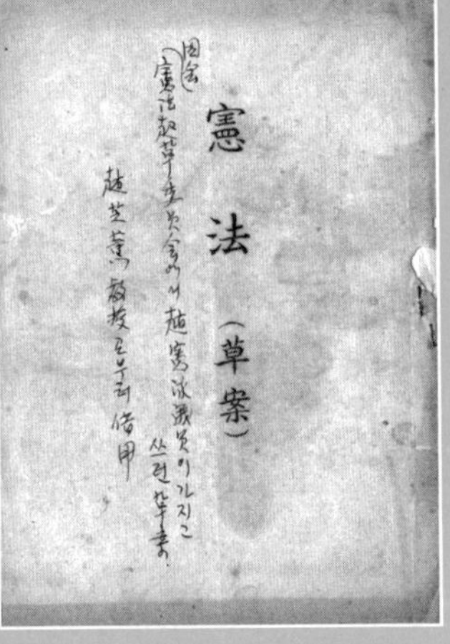

없는 사건을 강조할 때 흔히 '단군 이래 최초'나 '헌정사상 최초'라는 표현을 써. '단군 이래'는 BC 2333년부터라는 뜻이고, '헌정사상'은 헌법이 제정된 1948년부터를 뜻하는 거야.

프로필이나 이력서를 읽어보고 어떤 사람을 파악하듯이, 헌법을 보면 그 나라의 본바탕을 알 수 있어. 많은 국가들이 헌법 앞머리에 그 나라의 정체성을 나타내는 문장을 내세우지.

- 대한민국 헌법 제1조 1항 : 대한민국은 민주공화국이다.
- 프랑스 헌법 제1조 : 프랑스는 불가분의 비종교적이고 민주적이고 사회적인 공화국이다.
- 필리핀 헌법 제2조 : 필리핀은 민주적인 공화국이다.

그럼 이 민주공화국의 주인은 누구일까? 헌법은 나라마다 내용도 길이도 다르지만 기본적으로 민주주의의 가치를 담고 있어. 그 핵심은 권력과 주권이 국민에게 있다는 거야. 민주공화국의 주인이 누구인지를 헌법에서 분명하게 정의하고 있다는 뜻이야.

- 대한민국 헌법 제1조 2항 : 모든 권력은 국민으로부터 나온다.
- 프랑스 헌법 제3조 : 프랑스 국민은 국가 주권의 원천이다.
- 필리핀 헌법 제2조 : 주권은 국민에게 있고 정부의 모든 권한은 국민에게서 나온다.

나라의 주인이 권력자 개인이나 특정 정당이 아닌 국민임을 선언했으면, 이제 그 국민의 권리가 무엇인지 낱낱이 설명해주어야 해. 우리에게는 인간으로서 마땅히 누려야 할 다양한 권리들이 있어. 법 앞에 평등하고 성별·종교·사회적 신분 등으로 인해 차별받지 않을 권리, 양심의 자유, 표현의 자유, 교육받을 권리, 인간다운 생활을 할 권리, 행복을 추구할 권리 등등. 이 모든 권리들은 하늘에서 뚝 떨어진 것이 아니고, 모두 대한민국 헌법에서 보장하고 있는 것들이야.

그다음은 국민들이 위임한 권력이 정부에서 어떻게 사용되어야 하는지 설명할 차례야. 자동차나 냉장고를 사면 딸려오는 사용설명서를 보고 제품의 기능과 주의사항들을 알 수 있지. 헌법은 국가의 기능, 절차, 운영에 관한 설명서에 비유할 수 있어. 헌법을 통해 우리는 대통령을 비롯한 공직자들이 어떻게 선출되는지, 어떤 역할과 책임을 갖고 권력을 행사하는지, 국가의 중요한 의사결정은 어떻게 하는지 확인할 수 있어.

이제 헌법의 기능을 알아보자. 국회에서 어떤 법률이 새로 제정되었다고 쳐. 그게 올바른 법인지 어떻게 알 수 있을까? 모든 법들의 위에 있는 최고법인 헌법에 비춰보면 돼. 실제 사례를 하나 들어볼게. 2011년에 '셧다운제'라 불리는 법이 만들어졌어. 청소년들이 자정부터 아침 6시까지 인터넷 게임 접속을 못 하도록 강제로 차단한다는 내용이야. 청소년들의 게임 중독을 막고 수면부족으로 인한 폐해를 줄인다는 게 이 법의 입법 취지였어.

그런데 이 법이 청소년의 자유를 침해하기 때문에 헌법에 위반된다면서, 헌법재판소에 위헌 여부를 판단해달라고 요청(헌법소원)한 사람들이 있었어. 심사 끝에 헌법재판소는 합헌 판결을 내렸지. 헌법에 위배될 정도의 과도한 규제가 아니라고 판단했던 거야(참고로, 이 셧다운제는 10년 뒤인 2021년에 국회에서 결국 폐지되었어).

이처럼 헌법은 다른 법률들의 올바름 여부를 판단하는 척도가 되고 있어. 헌법이라는 게 아주 멀고 높은 곳에 있는 것 같지만, 알고 보면 우리 일상 속에서 벌어지는 작은 문제들까지도 모두 헌법에 뿌리를 두고 있지. 이렇게 중요한 법이기 때문에 아무나 마음대로 고칠 수가 없어. 필요한 경우 헌법을 개정할 수는 있지만 절차가 쉽지 않지. 과반수 출석에 과반수 찬성으로 제정하거나 개정할 수 있는 일반 법률과 달리, 헌법을 개정하려면 재적의원의 3분의 2가 찬성을 해야 돼. 그런 다음 개헌안을 국민투표에 부쳐서 통과가 되어야 비로소 개헌이 이루어지는 거야.

정치인들은 흔히 "헌법을 수호한다"는 표현을 써. 국민에게서 권력을 위임받은 최고 권력자의 중요한 임무 중 하나가 헌법을 지키는 일이야. 그래서 대한민국 대통령 취임 선서는 "나는 헌법을 준수하고 국가를 보위하며…"라는 말로 시작해. 그 문구조차도 헌법 제69조에 명시되어 있어. 미국 대통령 역시 취임할 때 "미합중국 헌법을 보전하고 보호하고 수호할 것을 엄숙히 맹세합니다"라고 엄숙하게 선서를 하지.

개 | 헌

개헌은 헌법을 고친다는 뜻이야. 아무리 잘 만든 법도 시간이 지나면 불필요해지거나 고쳐야 할 대목이 생겨. 미국에서는 건국(1776) 이후 지금까지 27번의 개헌이 있었어. 미국의 개헌은 기존의 헌법을 그대로 두고 새로운 항목을 하나씩 추가해가는 방식이야. 이것을 '수정헌법(Amendment)'이라고 부르는데, 조항이 추가될 때마다 번호가 붙게 돼.

1791년에 채택된 수정헌법 1조의 내용은 특정 종교의 국교 금지 및 언론, 종교, 집회, 출판의 자유였어. 수정헌법 2조는 총기를 소지할 권리였고 13조는 노예제 폐지였지. 18조는 금주법, 19조는 여성 투표권 보장, 26조는 18세 이상 투표권 보장이었어. 가장 최근인 27조(1992)는 국회의원의 월급을 2년 이내에는 올릴 수 없다는 내용인데, 최초 발의가 1789년이었으니까 채택되는 데 무려 203년이 걸린 셈이야.

250여 년의 미국 역사를 통틀어 헌법 수정 조항으로 제안된 것은 1만 개가 넘어. 그중 겨우 27개만 추가된 것을 보면, 역사적으로나 사회적으로 꼭 필요하고 의미 있는 것만을 심사숙고해서 통과시켰다는 걸 알 수 있지.

우리나라는 지금까지 총 9차례의 개헌이 있었어. 헌법은 나라의 근간에 관한 법이어서 쉽게 바꿀 수 없고 섣불리 바꿔서도 안 돼. 그런데 지금까지 이루어진 개헌을 보면, 국민들의 요구나 국가적 필요성보다는 집권 연장이나 독재 강화를 위해 헌법을 바꿔왔다는 걸 알 수 있어.

예를 들어 2차 개헌(1954)은 이승만 대통령의 장기집권을 위한 것이었고, 5차 개헌(1962)은 5.16 군사쿠데타 이후 3공화국의 출범을 알리는 것이었어. 6차 개헌(1969)은 박정희 대통령의 3선이 가능하도록 선거제도를 바꾼 것이었고, 7차 개헌(1972)은 박정희 대통령의 영구집권을 가능하게 한 유신헌법이었어. 그때부터 대통령을 간접선거로 뽑게 되었고, 대통령은 행정·입법·사법 삼권을 모두 쥔 것과 다름없었지.

9차 개헌에서는 국민들의 민주화 요구가 반영되었어. 1987년 6월 민주항쟁의 성과로 대통령 직선제와 5년 단임제가 채택

되었지. 이 개헌으로 시작된 6공화국이 오늘날까지 이어지고

있는 거야(공화국 앞에 붙은 숫자의 의미는 이 책 25쪽 '공화국'에 설명되어

있어). 언젠가 다시 개헌을 통해 대통령 선출방식이나 정부 형태

가 바뀌면, 공화국 앞에 붙은 숫자도 6에서 7로 바뀌게 되겠지.

우리나라 개헌의 역사

공화국	개헌 차수 및 내용	연도	특징
제1공화국	헌법 제정 : 대통령 간선제, 1회 중임 허용	1948	첫 헌법
	1차 개헌 [일명 '발췌개헌'] : 대통령 직선제, 국회 양원제	1952	이승만 재선을 위한 개헌
	2차 개헌 [일명 '사사오입 개헌'] : 대통령 중임 제한 철폐	1954	이승만 장기집권을 위한 개헌
제2공화국	3차 개헌 : 의원내각제	1960	4.19 혁명 이후 여야합의 개헌
	4차 개헌 [일명 '소급입법 개헌'] : 3.15 부정선거 관련자 처벌	1960	반민주행위자 처벌을 위한 개헌
제3공화국	5차 개헌 : 대통령 직선제, 국회 단원제	1962	5.16 군사쿠데타 세력에 의한 개헌
	6차 개헌 [일명 '삼선개헌'] : 대통령 중임 제한 철폐	1969	박정희의 3선을 위한 개헌

제4공화국	7차 개헌(일명 '유신개헌') : 대통령 간선제로 변경 (통일주체국민회의)	1972	박정희 영구집권을 위한 개헌
제5공화국	8차 개헌 : 대통령 간선제 유지 (선거인단). 7년 단임제	1980	12.12 쿠데타 세력에 의한 개헌
제6공화국	9차 개헌 : 대통령 직선제 복귀. 5년 단임제	1987	6월항쟁의 결과로 이루어진 개헌

앞에서도 말했듯 개헌은 절차와 요건이 꽤 복잡해. 먼저 대통령이나 국회의원(재적의원의 과반)이 발의해서 재적의원 3분의 2가 찬성해야 돼. 국회의원이 300명이니 개헌을 하려면 200석 이상이 되어야 한다는 뜻이지. 그 인원(200명)을 흔히 '개헌 정족수'라고 불러. 소수정당 입장에서는 반대로, 3분의 1에 해당하는 100명이 '개헌 저지선'이 되는 거지. 국회를 통과한 뒤에는 다시 국민투표를 거치는데, 유권자의 과반수 투표와 투표자의 과반수 찬성이 있어야 해.

10차 개헌이 언제 어떤 내용으로 이루어질지는 알 수 없어. 대통령제의 폐해가 너무 크다며 의원내각제를 주장하는 사람들도 있고, 5년 단임으로 되어 있는 대통령 임기를 4년 중임제로 바꿔야 한다는 주장도 많아. 그렇게 되면 우리나라 대통령도 미국처럼 두 번을 할 수 있는 거야. 어떻게 바뀌건 최종 결정은 주권자인 국민들이 해야겠지.

국회가 만든 법률이 헌법에 어긋나지 않는지, 또는 대통령과 행정부의 활동이 헌법을 위반하지 않았는지, 고위 공직자에 대한 국회의 탄핵이 적법한지 여부를 최종적으로 판단하는 기관.

헌법재판소는 헌법을 최종적으로 해석하는 기관이야. 국회가 만든 법률이 헌법에 어긋나지 않는지, 또는 대통령과 행정부의 권력 행사가 헌법의 테두리를 벗어나지 않았는지, 대통령과 고위 공직자에 대한 국회의 탄핵이 적절했는지 판단하는 역할을 하지.

독재 시절에는 대통령이나 국회가 헌법을 무시하는 일이 자주 일어났어. 의회가 국민의 기본권을 침해하는 위헌적인 법률을 만들기도 했어. 하지만 우리나라 국민들은 '국가권력도 헌법 아래 있다'는 사실을 잘 알고 있었지. 1987년 6월 민주항쟁 이후 국민들은 헌법 위에 군림하는 국가권력에 제동을 걸어야 한다고 생각했어. 이듬해 헌법재판소가 설립된 배경이지.

헌법재판소는 원래 4.19 혁명 직후의 2공화국 헌법에도 명시되어 있었어. 하지만 곧바로 터진 5.16 군사쿠데타 때문에 제대로 구성되지도 못한 채 헌법에서 삭제되었다가 거의 30년이 지난 뒤에야 제대로 만들어졌지. 박정희에서 전두환에 이르는

헌법재판소가 국민들의 관심을 받게 된 계기는 두 차례의 대통령 탄핵 심판(2016 박근혜, 2025 윤석열)이었다.

그 기간은 대한민국 헌법이 독재자에 의해 유린된 어두운 시대였어.

헌법재판소에는 9인의 재판관이 있어. 여느 재판관들과 달리 그들은 헌법재판이라는 본질적이고도 묵직한 사안들을 다루지. 대부분은 국민의 삶과 직결되는 것들이야. 헌법재판소가 하는 중요한 일을 살펴보자.

위헌법률 심판

법률이 헌법에 위배되는지 심판하는 일이야. 앞에서 보았듯 헌법은 최고법이야. 국회가 만든 법률, 대통령이 만든 명령(대통령령), 정부 각 부처가 만든 명령(부령), 지방의회가 만든 법규(조례)들의 '우두머리'가 헌법이야. 헌법에 어긋나는 법이 있다면 즉시 고치거나 폐지되어야 해.

법원이 "○○법 ○조 ○항이 헌법에 위반되는지 판단해주세요"라고 요청하면 헌법재판소가 심리를 거쳐서 판단을 내리게 돼. 예를 들어, 헌법재판소는 2010년에 사형제도가 위헌인지 심판했는데 9명 중 5명이 합헌 결정을 내렸지. 헌법에 맞는 것이면 합헌, 헌법에 어긋나는 것이면 위헌이야.

헌법소원 심판

국가권력과 법이 국민의 기본권을 침해하지 않는지 심판하는 거야. 대한민국 국민이라면 누구나 "○○법이 헌법이 정한 국민의 기본권을 침해하고 있는 것 같으니 살펴봐주세요"라고 직접 헌법소원을 낼 수 있어.

첫 번째 사례. 우리나라 민법에 동성동본의 결혼을 금지하는 법(동성동본금혼법)이 있었어. 예를 들어 내가 밀양 박씨라면 다른 밀양 박씨와 부부가 될 수 없었어. 전국에 밀양 박씨가 수백만 명이나 되고 그들 모두가 친족인 것도 아닌데 말이야. 동성동본이라는 이유로 사랑하는 연인들이 헤어지기도 했으니 정말 안타까운 일이었지. 결국 1997년에 9명의 헌법재판관 중 7명이 이 법을 위헌으로 판단했어. 헌법이 정한 혼인의 자유와 행복추구권을 침해한다는 결론이었지.

위헌 결정이 난 법은 어떻게 될까? 헌법에 위배되므로 즉시 효력이 정지돼. 그리고 헌법재판소가 정한 시한까지 법률을 개정해야 해. 동성동본금혼법은 2005년에 민법이 개정되면서 폐지되었어. 지금 들으면 너무나 이상했던 시대착오적 법률이 관습이라는 이름으로, 심지어 '미풍양속'이라는 이름으로 오랫동안 유지되었던 거야. 그걸 헌법재판소에서 명쾌하게 종지부를 찍어준 거지.

두 번째 사례. 평화주의나 종교적 신념에 따라 군 입대를 거부하는 '양심적 병역거부자'들은 예전에는 무조건 감옥에 가야 했어. 군대가 아닌 다른 곳에서의 대체복무는 허용되지 않았지. 그런데 2018년 병역법 헌법소원에서 헌법재판관들은 그들에게 대체복무를 허용하지 않는 것이 양심의 자유에 대한 침해라고 판시했어. 그때부터 양심적 병역거부자는 교도소에 수감되지 않고 오히려 교도소에서 대체복무를 할 수 있게 되었지.

탄핵 심판

대통령이나 고위 공직자가 헌법을 위반하여 국회로부터 탄핵을 당했을 때 그것이 적절한지 최종적으로 판단하는 거야. 헌법재판소는 2016년에 박근혜 대통령, 2025년에는 윤석열 대통령에 대한 탄핵 심판을 통해 그들을 파면시켰어. 반면 2004년에는 노무현 대통령에 대한 국회의 탄핵소추를 기각하고 대통령을 직무에 복귀시켰지.

우리나라에는 정당 활동의 자유가 있지만 정당이 중대한 헌법 위반을 했을 땐 해산시킬 수 있어. 헌법재판소는 2014년에 통합진보당 해산을 결정했는데, 이 정당의 활동이 자유민주 질서에 위배되고 국가체제에 위협이 된다는 이유였어. 해방 이후 독재정권에 의한 정당 강제해산은 여러 차례 있었지만 사법 절차에 의한 정당 해산은 이때가 처음이었지.

헌법재판소는 이처럼 국민의 기본권, 가치관, 국가의 중대사가 달린 일들을 심판하는 중요한 기관이야. 헌법재판소가 뉴스에 왜 그렇게 자주 등장하는지 이제 이해할 수 있겠지?

법 률 안 (법안)

국회에 제출된 법률 제정안 또는 개정안. 법률안이 실제 법률이 되려면 국회 상임위원회 심사, 법제사법위원회 심사, 본회의 표결을 거쳐야 하며, 대통령은 이를 공포하거나 거부할 수 있다.

법률안은 '법률의 안건이나 초안'을 가리켜. 더 줄여서 '법안'이라고도 하지. 어떤 법률을 새로 만들거나 개정하려면 취지에 맞게 내용을 정리해서 국회에 제출해야 하는데, 바로 그게 법률안이야. 없는 법을 새로 만들면 제정안이 되고, 원래 있던

법을 고치면 개정안이 돼. 법률안은 국회의원이 발의할 수도 있고 정부에서 발의할 수도 있는데 대부분 국회의원이 만들어. 국회가 입법부 즉, 법을 만드는 기관이니까 당연히 그렇겠지.

국회에 제출된 법률안은 상임위원회 심사와 법제사법위원회(법사위) 심사를 거치게 돼. 상임위원회에서는 외교, 국방, 교육, 보건, 환경 등과 같이 특정 분야의 전문성을 지닌 국회의원들이 모여서 토론하고 내용을 다듬어. 법사위는 법률안의 체계와 자구 심사를 맡고 있지. 법률로서 체계가 제대로 갖춰져 있는지, 헌법에 위배되거나 다른 법률과 충돌하는 내용은 없는지, 문장이나 용어 사용에 오류는 없는지 꼼꼼하게 점검하는 거야.

그런 다음 국회 본회의 표결을 거치는데, 재적의원 300명의 과반인 150명 이상이 출석하고 그중 과반이 찬성해야 통과할 수 있어.

국회를 통과한 법률안은 정부로 넘어가. 대통령은 15일 이내에 국무회의 심의를 거쳐서 그 법률안을 공포해야 하는데, 만약 이의가 있다면 거부권(재의 요구권)을 행사할 수도 있어. 거부권에 의해 국회로 되돌아온 법률안을 본회의에서 다시 의결할 경우엔 의결정족수가 처음과 달라져. 재적의원 과반수 출석까지는 똑같지만 찬성하는 숫자가 출석인원의 3분의 2가 되어야 하거든. 그러면 대통령은 더 이상 거부권을 행사할 수 없고, 법률안은 곧바로 공포되어 법률로서 효력을 갖게 되지.

이처럼 법률이 만들어지는 과정은 쉽지가 않아. 모든 달걀이 병아리가 되는 것이 아니듯 모든 법률안이 법률이 되는 건 아니라는 얘기야. 21대 국회(2020~2024)에서 국회의원들은 무려 2만5천 건이 넘는 법률안을 발의했어. 하지만 모든 과정을 통과하여 진짜 법률이 된 것은 겨우 3분의 1 정도야.

우리는 법이 당연히 정의롭고 공정할 것으로 기대하지만, 늘 그런 건 아니야. 세상에는 이상한 법, 나쁜 법도 있기 마련이야. 1919년에 미국은 수정헌법 18조로 금주법을 제정했어. 술을 만들지도, 팔지도, 마시지도 못하게 한 거야. 성경 창세기에 보면 인류의 조상 노아 할아버지도 술을 마셨다는데 그 후손들에게 술을 금지하다니! 이 '어길 수밖에 없는 법'은 결국 1933년에 폐지되었지. 1948년에 남아프리카공화국은 인종분리 정책(아파르트헤이트)에 따라 흑백 인종차별을 공식적인 법으로 만들었어. 세상에, 인종차별이 국법이라니! 이 암울한 악법의 시대가 끝난 건 46년 뒤인 1994년이었어.

법률은 시대의 요구와 아픔을 반영하기도 해. 평생 모은 돈을 전세 사기로 날리는 피해자들이 많이 생기자 그들을 구제하기 위한 '전세사기특별법'이 만들어졌어. 산업재해로 다치거나 목숨을 잃는 노동자들이 늘어나면서 안전관리 강화를 위한 '중대재해처벌법'이 제정된 것도 같은 맥락에서 이해할 수 있지.

어떤 법에는 그 법률 제정의 계기를 제공한 사람의 이름이 붙기도 해. 물론 정식 명칭은 따로 있지만 우리에겐 별칭이 더 익숙하지. '구하라 법'은 자녀양육 의무를 저버린 부모가 자녀의 재산을 상속받지 못하도록 하는 법이야. 걸그룹 출신 가수인 구하라 씨가 세상을 떠나자 20년 전에 집을 나갔던 엄마가 갑자기 나타나 유산을 받아간 일이 있었지. 이런 부당한 일을 막기 위해 기존의 상속제도를 일부 개정한 법률이 만들어진 거야. 어린이 보호구역의 안전 규정을 강화한 '민식이 법'은 스쿨존에서 교통사고로 목숨을 잃은 아홉 살 아이의 이름을 딴 법이야.

'노란봉투법'처럼 상징적인 의미를 담은 법도 있어. 2009년에 쌍용자동차 노동조합이 회사의 구조조정에 반대하며 파업을 벌였지. 회사는 파업 때문에 손실이 생겼다며 노조에게 소송을 걸었고, 결국 노조가 47억 원을 배상해야 한다는 가혹한 판결이 나왔어. 직장을 잃고 거액의 민사소송과 가압류에 시달리던 노동자들이 잇달아 목숨을 끊는 비극적 상황이 이어졌지. 그때 어느 시민이 4만7천 원을 노란 봉투에 담아서 노조로 보냈어. 10만 명이 힘을 모아 47억을 만들자는 의미였지. 옛날 월급봉투 색깔에서 착안한 이 노란 봉투 운동에 많은 시민들이 동참했고, 이를 계기로 정치권에서 '노란봉투법'이 추진되었던 거야. 파업으로 생긴 손해에 대해 지나친 손해배상 청구를 못 하도록 하는 이 법률은 지난 10년간 법률안 폐기, 본회의 통과, 대통령 거부권 등의 우여곡절을 거친 끝에 2025년 9월 공포되었어.

오직 법이 정한 바에 따라서만 국가를 운영하는 것. 권력자의 자의적 통치와 권력남용을 방지하기 위한 제도이며, 근대 입헌국가의 근간을 이루는 정치 원리이기도 하다.

법치주의에서 '치(治)'는 다스린다는 뜻이야. 그러니까 법치주의는 법으로 다스리는 거야. 권력자가 자의적으로 통치하지 않고 오직 법이 정한 바에 따라서 통치하는 것을 의미해. 독재의 특징은 자의성 즉, 제멋대로 하는 거야. 권력을 제한 없이 자기 뜻대로 휘두르는 거지. 이런 자의성을 막아주는 게 바로 엄격한 법치주의야.

법치주의를 설명해보라고 하면 "법을 어기면 법에 따라 처벌받는다는 뜻 아닌가요?"라고 단순하게 생각하는 사람들이 많아. 물론 틀린 말은 아니지. 하지만 법치주의의 핵심은 처벌이 아니라 권력 남용을 막는 거야. 권력자도 법의 통제를 받게 함으로써 권력을 자의적으로 사용할 수 없게 제한하는 것. 그게 핵심이야.

역사적으로 독재자가 국민들의 자유와 권리를 침해하는 일이 많았지. 독재자는 법보다 위에 있었고, 독재자의 말이 곧 법이었어. 독재체제 아래서 사람들은 국가폭력과 억압에 시달렸고 기본권을 박탈당했어.

마오쩌둥이 통치하던 시절(1949~1976) 중국 공산당 정부는 법률을 많이 만들지 않았어. 마오쩌둥의 입에서 나오는 교시가 곧 법이었기 때문이야. 그가 아무리 황당무계한 애기를 해도 6억 명의 중국 인민들은 무조건 복종해야 했어. 집집마다 강철을 생산하라는 지시에 수억 명이 원시적인 흙 용광로로 쓸모 없는 철을 만들었어. 참새들이 곡식을 쪼아 먹어서 문제라고 말하자 인민들은 대륙 전역의 참새들을 깡그리 박멸해버렸어. 쓰레기 철을 만드느라 농사를 못 짓고, 참새가 없으니 해충이 번식해 농사가 망해서 수십 만 명이 굶어 죽었어. 법이 아닌 자의적 통치가 얼마나 위험한지 보여주는 생생한 사례야.

플라톤은 모든 사람들이 법의 지배 아래 있어야 한다고 주장했어. 영국 중세사에 나오는 마그나 카르타(Magna Carta, 1215), 즉 대헌장이 민주주의 역사에서 중요한 사건으로 꼽히는 이유가 뭘까? 귀족들이 왕의 권력을 통제하고 법 아래 묶어두는 사건이었기 때문이야. 국왕도 법 앞에 예외적인 존재가 아니라는 것, 어떠한 권력도 법 위에 있지 않다는 역사적인 선언이었지.

법치주의의 기본은 민주주의의 기본 장치와 동일해. 헌법, 권력분립, 기본권 보장 같은 것들이야. 법치국가의 모든 국가행정은 법률에 근거하고, 헌법에 따라서 기본 인권을 보장하지. 어떤 사람이 권력의 자리에 앉건 반드시 법의 테두리 안에 머

물러야만 해.

시민의 입장에서는 권력자의 명령과 지시가 법에 어긋나면 따라야 할 의무가 없어. 또 권력자라도 법을 어기면 법이 정한 바에 따라서 처벌받아야 해. 법은 권력자부터 굴뚝 청소부까지 모두에게 공평하게 적용되는 것이니까.

삼권(입법, 사법, 행정) 중 하나로서 입법부가 만든 법을 해석하고 적용하는 국가기관. 일반적으로 '법원'이라고 부른다. 우리나라의 사법체계는 3심제이며, 하나의 사건에 대해 지방법원(1심)-고등법원(2심)-대법원(3심)까지 3단계에 걸쳐 재판을 받을 수 있다.

사법부는 법을 해석하고 적용하는 법원을 말해. 즉, 입법부(의회)가 만든 법을 해석하는 곳이야. 누군가의 권리가 침해되거나 법을 둘러싼 다툼이 있을 때 법률을 해석해서 구체적 사건에 적용하고 판단하는 일을 하는 곳이지.

사법부는 넓게 보면 국가권력의 일부를 맡고 있는 기관이야. 하지만 공정한 판단을 내려야 하므로 정부의 영향에서 독립되어 있어. 최고법원인 대법원 아래 고등법원, 지방법원, 가정법원이 있고, 별도로 헌법재판소가 있어. 우리나라의 법원에는 3천 명이 넘는 판사들이 있어. 한 사람 한 사람이 모두 독자적인 역할을 하는 헌법기관이지. 입법부의 국회의원들이 그런 것처럼.

사법부는 우리 사회의 기본 가치를 지키고 일관성과 안정성을 보호해주는 기관이야. 사법부의 기능을 통해 민주주의 원칙과 기준이 유지되고, 권력이 시민의 자유와 권리를 위협하는 것을 막을 수 있지. 또 사법부는 시민의 안전을 위협하는 범죄자에게 무거운 처벌을 내려서 사회정의를 보여주기도 해. 법의 판결과 처벌을 두고 흔히 "사회에 경종을 울린다"고 하는데, 여기서 경종은 위험을 알리고 경계하는 종소리라는 뜻이야. 법의 엄중함을 보여줌으로써 범죄자들에게 경고음을 날린다는 뜻으로 이해하면 돼.

우리나라 사법체계는 대부분의 국가들과 마찬가지로 3심제야. 하나의 사건에 대해 지방법원-고등법원-대법원까지 3단계 재판이 진행된다는 뜻이야. 지방법원의 1심 판결에 불만이 있으면 고등법원에 항소해서 2심을 받을 수 있어. 그래도 불만이면 대법원에 최종심을 청구하는데 이걸 '상고'라고 해. 재판 과정에서 놓치는 게 있거나 법리를 잘못 적용한 게 있더라도 거듭된 재판을 통해 바로잡을 기회를 얻을 수 있어.

가령 살인 혐의를 받는 피의자가 있다고 하자. 1심 재판부가 30년 형을 선고했고 항소심에서도 원심대로 30년 형이 내려졌어. 그런데 대법원은 살인의 증거가 충분치 않다면서 원심을 깨고 사건을 고등법원으로 돌려보냈어. 다시 진행된 2심에서 새로운 증거가 채택되면서 피의자는 결국 무죄 판결을 받았어. 억울하게 살인자로 몰렸던 사람이 누명을 벗게 된 거지. 3심제가 아니었다면 그는 평생을 감옥에서 보내야 했을 거야.

여기서 잠깐, 재판에 등장하는 원고·피고·피고인 호칭에 대해 알아보자. 흔히 피고와 피고인을 혼동하는 경우가 많은데, 피고는 개인과 개인이 권리를 다투는 민사재판에서 '소송을 당한 사람'을 가리키는 말이야. 소송을 제기한 상대방은 원고라고 부르지. 민사재판은 범죄의 책임을 따지는 게 아니기 때문에 '피고는 곧 죄인'이라는 등식은 성립하지 않아. 원고가 패소하는 경우도 얼마든지 있으니까 말이야.

피고인은 범죄자를 심판하는 형사재판에서 검사에 의해 공소가 제기된 사람을 가리켜. 절도나 폭행, 살인 등을 저질렀다는 혐의를 받는 사람이지. 형사재판에는 원고라는 게 없어. 피고인의 상대방은 국가 공무원인 검사야. 그러니까, 원고-피고가 한 쌍이고 검사-피고인이 한 쌍이라고 생각하면 헷갈리지 않고 쉽게 기억할 수 있어.

범죄 혐의자가 조사를 받을 때는 그를 '피의자'라고 불러. 그러다가 검사가 공소를 제기해서 재판 절차가 시작되면 그때부터 피고인이 되는 거야. 명칭 자체가 뭔가 '범인'의 뉘앙스를 물씬 풍기지? 그런데 우리나라 헌법 제27조에 '무죄 추정의 원칙'

이라는 게 있어. "형사 피고인은 유죄의 판결이 확정되기 전까지는 무죄로 추정된다"는 내용이지. 1, 2심에서 모두 유죄 선고를 받았더라도 대법원 확정판결 전까지는 무죄로 추정되기 때문에 어떤 불이익도 받아서는 안 돼. 피고인이건 피의자건 인권은 똑같이 존중받아야 하며 섣불리 죄인 취급을 해서는 안 된다는 게 이 조항에 담긴 헌법 정신이야.

'법 앞의 평등'은 우리가 공정한 사회에 살고 있다는, 또는 그래야 한다는 말이야. 사회적 지위나 재산 따위와 상관없이 법 앞에서는 모두가 동등해야 하고 권력자건 평범한 시민이건 차별 없이 법이 공평하게 적용되어야 해. 상대가 어떤 사람인지 의식하면서 불공평한 판결을 내릴 바에는 차라리 인공지능(AI) 판사를 도입하는 게 훨씬 낫겠지.

2,400원을 '횡령'한 버스 기사의 해고는 정당하다고 판결하면서 기업에 수백억 원의 피해를 끼친 경영자에게는 관대하게 집행유예를 선고하는 현실을 보면, 우리는 법의 형평성을 의심하게 돼. 그런가 하면 '전관예우'라고 해서, 부장판사나 부장검사 출신 변호사들에게 유리한 판결을 내려주는 법조계의 오랜 관행도 있어. 고 노회찬 의원은 이런 현실을 지적하면서 "법은 만인에게 평등하지 않고 만 명에게만 평등하다"고 풍자적으로 비꼬아주기도 했지.

모든 분야가 그렇지만 사법부는 특히 공정함이 생명이야.

사적인 이익, 권력의 외압, 누군가의 위협이나 간섭에서 벗어나 오로지 헌법과 법률에 따라서만 판결해야 돼. 유감스럽게도 우리나라 사법부에 대한 국민들의 신뢰는 그리 높은 편이 아니야. 그리고 그건 사법부 스스로 해결해야 할 문제야. 법원에 대한 믿음은 판사들의 학벌이나 지위에서 나오는 게 아니고 판결의 공정함에서 나오는 것이니까.

고위 공직자의 대형 비리나 부패 사건이 터졌을 때, 독립적이고 엄정한 수사를 위해 한시적으로 특별검사(특검)를 임명하여 수사를 맡기는 제도.

특별검사제는 고위 공직자의 권력형 비리나 대형 부패사건이 발생했을 때, 독립적이고 엄정한 수사를 위해 한시적으로 수사 기구를 설치, 운영하는 제도야. 가령 검찰총장의 비리 사건이 터졌다고 해보자. 그 사건을 맡은 검사는 수사에 부담을 느낄 가능성이 커. 자기가 속한 조직의 우두머리를 수사해야 하니까 말이야. 만약 그 비리에 유력 정치인이 연루되어 있다면 부담은 더욱 커지겠지. 누군가로부터 정치적 압력을 받을 가능성도 있고.

다른 예를 들어볼게. 어느 회사의 사장이 자금을 횡령했어.

그런데 그 회사의 감사팀 직원이 사장의 비리를 조사한다면 어떻게 될까? 평소 자신에게 업무 지시를 내리던 사장을 대상으로 잘못을 밝혀내는 게 어려울 수 있어. 그럴 땐 사장과 아무런 관계가 없는 외부인이 더 독립적이고 공정한 조사를 할 수 있겠지.

그래서 생각해낸 게 바로 특별검사제야. 원래는 일반 검사가 수사해야 하지만, 이런 특별한 사건에 한해서 현직 검사가 아닌 법조인(경력 15년 이상)을 특별검사로 임명하는 거야. 그렇게 임명된 특별검사를 줄여서 '특검'이라고 불러.

어떤 사안에 대해 특검을 하려면 먼저 국회에서 '○○에 대한 특별검사법'이 통과되어야 해. 그런 다음 특별검사가 임명되고, 해당 특검법에서 정한 기간 동안 수사를 진행하지. 특별검사는 정부 소속이 아니기 때문에 정부의 통제나 정치적 영향력에서 벗어나 독립적이고 공정한 수사를 할 수 있어. 지금까지 특별검사가 맡았던 주요 사건들은 다음과 같아.

- 검찰총장 부인에 대한 옷 로비 사건(1999)
- 남북정상회담 관련 대북 송금 사건(2003)
- 이명박 대통령 후보의 BBK 주가조작 사건(2007)
- 박근혜·최순실 국정농단 사건(2016)
- 윤석열 내란 특검(2025), 김건희 특검(2025), 채상병 특검(2025)

2016년 겨울, 박근혜 대통령 탄핵소추안의 국회 통과를 요구하는 시민들.

　권력자에 대한 엄정한 수사를 강조할 때 흔히 '살아 있는 권력에 대한 수사' '성역 없는 수사'라는 표현을 쓰곤 하지. 법 앞에 평등하다는 말은 누구나 동등하게 법의 보호를 받아야 한다는 의미도 되고, 누구라도 불법을 저지르면 수사와 처벌에서 예외가 될 수 없다는 의미도 돼. 대통령이건 영부인이건 잘못을 하면 가차 없이 법의 심판을 내리는 사회야말로 법이 살아 있는 공정한 사회가 아닐까? 물론 그런 특검 자체가 아예 필요 없는 사회면 더 좋겠지만.

탄핵

중대한 잘못을 저지른 공직자를 국회 의결과 헌법재판소 심리를 거쳐 파면하는 제도. 국회에서 탄핵이 가결되면 헌법재판소에서 그 적절성 여부를 판단한다. 헌재에서 탄핵소추안을 인용하면 그 공직자는 즉시 파면되며, 기각하면 다시 직무에 복귀할 수 있다.

탄핵은 대통령, 장관, 검사 같은 고위 공무원을 파면하는 제도야. 징계와 처벌은 어떤 조직에나 존재해. 잘못한 사람을 처벌해서 규율을 세우려는 목적도 있고, 앞으로 같은 잘못이 반복되지 않도록 경계심을 심어주는 의도도 있지.

징계와 처벌은 잘못의 정도에 비례해서 이루어져. 회사에서 가벼운 잘못을 한 직원은 시말서(반성문 같은 것)를 써. 더 심각한 잘못을 하면 감봉(1~3개월 동안 급여를 깎음)을 받아. 회삿돈 횡령처럼 큰 잘못을 저지르면 즉시 해고를 당하게 돼. 학생들도 마찬가지야. 봉사활동, 출석정지, 전학 같은 단계별 징계가 있고 가장 무거운 처벌은 퇴학이야.

대통령이나 고위 공직자가 중대한 잘못을 저지르면 파면되어 자리에서 물러나게 돼. 중대한 잘못이란 국가의 근간인 헌법에 위배되는 잘못을 말해. 헌법을 수호하는 게 대통령의 중요한 직무인데 그 헌법을 어긴다면 국민에 대한 신임을 저버린 것이고, 더 이상 그 자리에 있을 수 없지.

루소의 『사회계약론』(1762)에 따르면 왕이 공동체와 합의한

계약을 위반할 경우 그 권력을 박탈할 수 있어. 18세기에도 그랬는데 21세기 민주공화국의 대통령은 말할 것도 없지. 권력을 위임하거나 도로 회수하는 힘의 근원은 주권자인 국민에게 있어.

미국 헌법에는 반역죄, 뇌물, 중대 범죄를 저지른 대통령이나 부통령 또는 고위 관료가 탄핵의 대상이 된다고 쓰여 있어. 닉슨 대통령은 워터게이트 사건으로 탄핵 절차가 시작되자 1974년에 사임했어. 1972년 미국 대통령 선거 때 경쟁후보의 선거 사무실에 불법 도청장치를 설치했다는 이유였지. 클린턴 대통령도 재임 중에 두 번이나 의회의 탄핵 시도에 시달렸어. 이른바 '성 추문 사건' 조사 중에 거짓 진술을 하고 증거를 숨겼기 때문이지. 트럼프 대통령에 대한 의회의 탄핵 시도도 두 번이나 있었고.

하지만 미국에서는 대통령이 실제로 파면된 적은 한 번도 없어. 스스로 물러났던 닉슨을 빼면 다들 대통령 자리를 유지했지. 탄핵소추안이 하원과 상원을 모두 통과해야 하는 까다로운 절차 때문이야. 하원을 간신히 통과한 탄핵안이 상원에서 부결되어 무산되는 경우도 종종 있어. 클린턴 탄핵은 한 번은 상원에서, 한 번은 하원에서 부결되었고 트럼프 탄핵은 두 번 다 상원에서 부결되었지. 요즘 미국에선 트럼프에 대한 세 번째 탄핵이 시도되고 있다고 해.

그와 달리 우리나라에서는 실제 대통령 파면이 두 번이나 있었지. 2017년 박근혜 대통령은 헌법재판소에서 탄핵 심판을 받았어. 우리나라의 탄핵 절차는 다음과 같아.

① 국회의 탄핵소추안 가결
② 대통령 권한 정지, 국무총리가 권한 대행
③ 헌법재판소의 사건 심리
④ 헌법재판소에서 탄핵소추안이 인용되면 대통령 파면(기각되면 직무 복귀)

①이 이루어지려면 재적의원인 300명의 과반수가 발의하고 재적의원 3분의 2 이상인 200명이 찬성해야 해. 그리고 ④에서는 헌법재판관 9명 중 6명 이상이 찬성해야 비로소 파면이 확정돼.

자세히 보면 탄핵 과정에도 삼권분립이 작동하는 것을 알 수 있어. 행정부의 수장(대통령)이 헌법을 중대하게 위반하면 입법부(국회)가 나서서 대통령을 파면해달라고 요청하지. 그러면 사법부(헌법재판소)가 탄핵 심판 절차를 시작해서 파면 여부를 결정하는 거야.

박근혜 대통령 탄핵 당시 정치적 무능력, 잘못된 정책 결정, 불성실 등은 파면의 사유가 되지 않았어. 국민이 직접 뽑은 대통령을 무능하다고 파면할 수는 없다는 거였지. 하지만 민간인

에게 국정개입을 허용하고 대통령의 지위와 권한을 남용한 것
이 탄핵 사유로 인정되었어. 국민은 박근혜 대통령을 선출해서
나라를 통치할 권한을 주었는데, 이 권한을 엉뚱한 사람에게 주
어서 사적인 이익을 위해 사용하게 했다는 거야. 헌법재판소는
그것이 대의민주주의 원리를 훼손하는 중대한 헌법 위반이라
고 판단하고 이렇게 선언했어. "피청구인 대통령 박근혜를 파
면한다."

　이것이 처음이자 마지막이었으면 그나마 다행이었겠지. 하
지만 우리나라는 2025년에 대통령이 파면되는 것을 또다시 지
켜봐야 했어. 윤석열 대통령은 군사적 충돌 같은 국가 비상사태
가 없는데도 불법적으로 계엄을 선포했고, 국무회의 심의와 문
서작성 같은 계엄 선포의 필요 절차도 제대로 지키지 않았지.
또 계엄군을 국회로 보내 입법기관을 마비시키고 계엄 해제를
막으려고 했어. 그 모든 것이 명백한 헌법 위반으로 인정되었던
거야. 헌법재판소의 마지막 선언은 이름만 바뀌었을 뿐 8년 전
과 똑같았어. "피청구인 대통령 윤석열을 파면한다."

　국민의 손으로 뽑은 지도자를 파면하는 것은 국가적으로 불
행할 뿐 아니라 국민들에게도 큰 상처로 남는 사건이야. 그 과
정에서 엄청난 사회적 혼란과 갈등을 겪어야 해. 하지만 최고
권력자라도 그 권한을 남용하고 헌법을 위반하면 직을 박탈한
다는 엄중한 선례를 남겼어. 그것도 두 번이나!

　역사적으로 권력자를 물러나게 한 정치적 사건에는 큰 충돌과 시민들의 희생이 뒤따랐지. 그런데 우리는 단 한 사람도 다치지 않고 오직 헌법과 법률에 따른 사법적 절차만으로 대통령을 물러나게 했어. 민주주의가 튼튼히 작동하고 있음을 증명한 셈이지. 바로 그게 두 번의 탄핵이 남긴 가장 큰 교훈이야.

선거와 여론

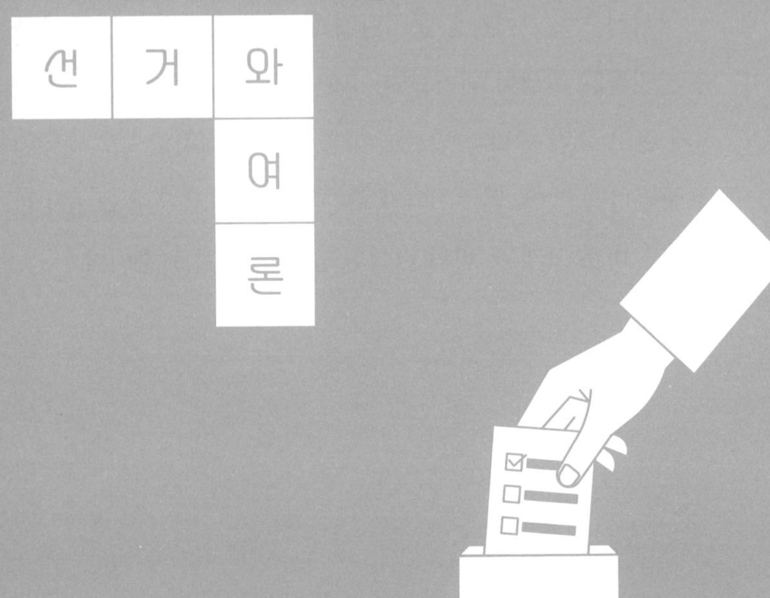

선거
공약
국민투표
언론
어젠다

공동체 구성원들이 자신들의 대표자를 직접 선출하는 제도. 자유롭고 공정한 선거가 가능하려면 보통선거, 평등선거, 직접선거, 비밀선거 등 '선거의 4대 원칙'이 반드시 지켜져야 한다.

선거는 국가, 도시, 지역을 대표하는 지도자를 그 구성원들이 선출하는 것을 말해. 선출된 대표는 시민들을 대신해서 공적인 일에 나서게 돼. 선거를 통해 대표자를 평가하고 권력을 교체하는 것은 민주주의의 핵심이야. 우리가 정치에 참여한다는 것을 생생히 느낄 때가 바로 선거를 할 때지.

인류는 BC 5세기에 아테네, 스파르타 같은 고대 도시국가에서 지도자를 뽑을 때부터 선거를 치렀어. 무려 2,500년 넘게 이어져온 제도지. 근대 유럽의 시민혁명을 거치면서 선거제도는 정치에서 빼놓을 수 없는 제도로 자리잡았어.

선거의 원칙은 평등이야. 1인 1투표권이지. 삼성전자 사장님이든 삼성전자 직원이든, 사회적·경제적 지위와 상관없이 한 사람 한 사람의 의견이 동등한 가치를 지니는 거야.

공산주의 독재체제였던 옛 소련에도 선거가 있었어. 정권이나 지도자를 바꾸는 민주적 선거는 물론 아니었지. 어차피 공산당 단일후보가 뽑히는데 왜 힘들게 선거를 했을까? 그렇게 해서라도 권력에 정당성을 부여하고 싶었던 거야. 민주주의 체제

1956년 제3대 대통령 선거 당시 거리 풍경(좌), 1960년 제4대 대통령·제5대 부통령 선거 당시의 벽보(우) (출처 : 국가지정기록물 온라인 전시관)

2025년에 치러진 제21대 대통령 선거 벽보 (출처 : 위키백과)

에서 선거는 민주적 정당성을 부여하는 절차라는 걸 그들도 알고 있었던 거지. 선거를 통해 국민의 선택을 받은 권력을 '선출된 권력'이라고 부르는 것도 그런 이유에서야.

여러 가지 선거 중에서 제일 중요한 건 당연히 대통령 선거일 거야. 흔히 '대선'이라고 줄여서 말하지. 우리나라에서 대통령 선거는 매번 투표율 70%를 넘길 정도로 온 국민의 관심이 쏠리는 거대한 정치 이벤트라고 할 수 있어. 총선은 국회의원을, 지방선거는 전국의 시장·도지사·지방의회 의원·교육감 등을 뽑는 선거야.

　재선거와 보궐선거는 비슷하면서도 약간 달라. 재선거는 당선인의 선거법 위반이 드러나서 당선 자체가 무효가 되었을 때, 임기 개시 전에 사망하거나 사퇴했을 때, 또는 그 밖의 이유로 법원에서 선거 무효 판결을 내렸을 때 다시 치르는 선거야. 그리고 보궐선거는 당선인이 임기 개시 후에 사망하거나 사퇴했을 때, 또는 중대한 범죄로 임기 도중 피선거권을 박탈당했을 때 빈자리를 채우기 위해 치르는 선거야. 둘을 합쳐서 흔히 '재보궐선거'라고 불러.

　각 선거의 주기는 당선자의 임기에 따라 조금씩 달라. 대선은 5년, 총선은 4년, 지방선거 역시 4년에 한 번씩 치르지.

　보궐선거는 사유가 발생한 지역에서만 치르는데, 전임자의 남은 임기가 1년 이상일 때만 새로 뽑게 되어 있어. 1년 미만이면 그냥 권한대행 체제로 가거나 결원인 채로 놔두는 거야. 그리고 보궐선거로 당선된 사람은 전임자의 남은 임기만 채우게 되어 있어. 임기 4년인 국회의원이 2년 만에 사퇴해서 보궐선거를 치른다면, 새로운 당선인의 임기는 2년이 되는 거야.

　대통령의 경우엔 좀 달라. 탄핵이나 사망 등으로 대통령직이 공석이 되면 60일 이내에 대통령 선거를 치러야 해. 대통령 궐위(어떤 공직이 비었다는 뜻)로 인한 선거라서 흔히 '궐위선거'라고 부르는데 이것도 일종의 보궐선거에 해당하지. 박근혜 탄핵 이후의 문재인 대통령, 윤석열 탄핵 이후의 이재명 대통령은 모두 보궐선거로 당선된 대통령들이야. 이렇게 당선된 대통령의 임기는 전임 대통령의 잔여 임기와 상관없이 똑같이 5년이야.

경선은 한 정당에서 2명 이상의 후보가 선거 출마를 놓고 경쟁하는 거야. 그중 1명을 뽑아 대통령이나 국회의원 선거, 또는 지방선거에 내보내지. 본선에 앞서 벌이는 예선전인 셈인데 경선 방식은 정당마다 조금씩 달라. 당원투표 결과와 여론조사 결과를 정해진 비율로 합산해서 최종 후보를 선출하게 돼. 정부기관 중에 중앙선거관리위원회가 있듯이, 정당에서도 경선이 벌어지면 그걸 공정하게 관리하기 위한 선관위를 구성해. 비민주적 경선에서 선출된 후보자가 본선 무대에 나가는 건 말이 안 되니까.

부재자 투표는 선거일에 자기 주소지가 아닌 곳에서 투표할 수 있는 제도야. 지방 출장이나 파견근무, 입원 등으로 선거 당일에 타 지역에 있어야 하는 사람들을 위한 건데, 예전에는 군인들이 제일 많았어. 독재정권 시절에는 군인들이 영내에서 부재자 투표를 할 때 특정 후보를 찍도록 강요하는 경우가 많았다고 해. 지금은 군인들도 사전투표로 선거에 참여하기 때문에 그런 일은 일어날 수가 없지.

사전투표는 선거일 전에 미리 투표하는 제도야. 선거일에 바쁜 일이 있는 사람들은 정해진 날짜에 미리 투표할 수 있어.

선거일에 놀러 갈까 투표할까 고민하는 사람에게는 미리 투표해놓고 당일에 놀러 가는 선택지를 주니 참 좋지. 게다가 사전투표는 자기 동네뿐 아니라 전국 어디서든 할 수 있어서 더욱 편리해. 최근 대선에서는 사전투표율이 30%대 중반을 기록했을 정도로 국민들의 호응이 좋아.

재외선거는 외국에 있는 국민들이 참여하는 선거야. 현지의 재외공관이나 한인회관 등에서 투표를 하는데, 투표소가 많지 않아서 기차나 비행기를 타고 먼 길을 찾아오는 사람들도 많다고 해.

우리나라 국회의원 선거 역사상 가장 적은 표 차이는 3표였어. 이런 예외적인 경우를 빼면, 한 사람의 투표로 결과가 바뀌진 않아. 천만 명의 표로 대통령을 뽑고 수만 명의 표로 국회의원을 뽑는데, 나 하나 투표하건 말건 결과는 바뀌지 않는 것이 확실해. 하지만 혼자서는 무의미해 보이는 한 표 한 표가 모여서 결국 누군가를 대통령, 국회의원, 시장으로 만들지.

생각해보면 선거는 정말 기적 같은 일이야. 그토록 많은 사람들이 각자 독립된 개인으로 참여하는 것도, 그 표가 모여서 세상을 움직이고 바꿔낸다는 것도.

그러니까 유권자들은 열심히 선거에 참여할 의무가 있어. 특히 공동체의 미래를 걱정한다면 꼭 참여해야 돼. 선거는 단순한 인기투표가 아니야. 우리나라와 지역공동체의 수십 년, 어쩌

면 그 이상을 결정지을 수 있는 중대한 일이지. 이렇게나 중요
하기 때문에 호주에서는 의무투표제를 실시하고 있고, 정당한
사유 없이 선거에 불참하면 벌금을 내야 돼. 싱가포르에서는 한
번 불참하면 다음 선거 때 수수료를 내야 하고. 우리나라는 이
런 제도 없이도 지금까지 잘 굴러왔지만, 앞으로도 그럴지는 알
수 없어. 그건 전적으로 미래 세대인 여러분에게 달려 있겠지.

공 | 약

공약이란 선거에 나선 후보자가 유권자들 앞에서 자신의 정
책과 비전을 밝히고 약속하는 일이야. "이번에 수학 100점 맞
으면 최신 휴대폰 사줄게." 이것은 부모님과 자녀들 사이의 사
적인 약속이지. 공약은 공직 후보자가 수십만, 수백만 명의 유
권자 앞에서 하는 '공적인 약속'이야.

대통령, 국회의원, 도지사, 시장, 구청장 같은 공직에 나서는
사람은 앞으로 어떤 나라, 어떤 도시를 만들겠다는 큰 그림이
반드시 필요해. 그걸 완성하기 위한 세부적인 그림도 있어야 하

지. 그런 밑그림과 청사진을 공약으로 만들어 유권자의 마음을 얻고 선택을 받는 거야.

16세기 프랑스 왕이었던 앙리 4세는 일요일마다 모든 가정에서 닭을 먹는 나라를 만들겠다고 약속했어. 지금은 닭고기보다 훨씬 중요하고 훨씬 많은 소망들이 존재하는 시대지. 선거 때가 되면 여기저기서 수많은 공약들이 들려오지만, 핵심은 결국 국민들을 잘 먹고 잘살게 해주겠다는 약속이야.

대통령 후보자들은 국가적인 차원의 공약을 내걸지. 경제성장률을 몇퍼센트로 올리겠다, 일자리를 몇십만 개 늘리겠다. 주택 몇백만 호를 공급하겠다 등등. 유권자들의 최근 관심사나 새롭게 대두되는 사회문제를 반영한 공약도 있어. 스토킹과 데이트 폭력을 방지하는 제도를 만들겠다거나 성범죄 양형 기준을 강화하겠다는 것 등이 대표적인 사례들이야.

시장, 구청장 같은 지방자치단체장 후보들은 지역 주민을 위한 복지 혜택을 늘리거나 생활 여건을 향상시키는 사업을 공약으로 내놓게 돼. 학교, 시설, 공원, 도로를 여기저기 새로 만들겠다는 식이지. 다 이루어지면 물론 좋겠지만, 무슨 돈으로? 후보가 그런 공약을 할 때는 어떻게 예산을 확보할지도 반드시 따져볼 필요가 있어. 안 그랬다간 공약의 '공'이 '빌 공(空)' 자가 될 수 있으니까.

학교에서 학생회장 선거에 나갈 때도 유권자인 친구들의 마음을 사는 게 중요하지. 친구들이 원하는 게 무엇일까 생각해보고 그에 대한 답을 제시해줘야 해.

한 친구가 이렇게 말해. "학교에 음악이 없으니 삭막해. 학교 방송반에서 점심시간에 신청곡을 틀어주면 어떨까?" 또 다른 친구는 이렇게 말하지. "점심시간에 중요한 건 음악이 아니라 밥이야. 급식 메뉴를 개선해줘." 그러자 회장 후보는 자기가 마치 앙리 4세라도 된 것처럼 이런 공약을 발표해. "수요일마다 치킨을 급식으로 먹게 하겠습니다." 하지만 이내 엉터리 공약으로 드러나. 급식 메뉴는 학생회장이 아니라 영양사 선생님에게 달려 있고, 급식에 쓰이는 예산은 마음대로 늘릴 수가 없으니까 말이야.

공직 선거도 크게 다르지 않아. 좋은 공약을 만드는 것도 중요하지만, 더 중요한 건 약속한 공약을 성실히 이행하는 거야. 우리나라 역대 대통령들의 공약 이행률은 50% 이하야. 약속을 반도 못 지킨다는 얘기지. 다는 아니더라도 최소한 70~80% 정도는 지켜줘야 하지 않을까?

2차 대전의 전쟁 영웅이었던 아이젠하워 장군은 1952년에 "나는 한국에 갈 것이다(I shall go to korea)"라는 공약으로 대통령에 당선되었어. 한국에 간다는 건 한국전쟁을 속히 끝내겠다는 그의 의지를 담은 것이었지. 1977년 지미 카터는 "나는 거짓말을 하지 않겠습니다"라는 공약을 내세웠어. 직전 대통령인 닉슨이 워터게이트 관련해서 거짓말을 늘어놓다가 물러났거든. 카터는 그와 대비되는 깨끗하고 정직한 이미지를 보이는 데 성공했고, 결국 대통령에 당선되었어.

인도의 모디는 2014년에 '청결한 인도(Clean India)'를 선거 공약으로 내걸고 총리에 당선되었어. 인도는 문화적·경제적 이유 때문에 집에 화장실을 두지 않는 가정이 많아. 그래서 용변을 대부분 밖에서 해결하는데, 환경과 위생 문제는 물론이고 안전과 인권에도 큰 위협이 되지. 모디의 공약은 정부 지원으로 화장실 1억여 개를 집집마다 만든다는 것이었어. 남의 나라 선거 공약이지만 진심으로 응원하고 싶었지. 하지만 많은 노력에도 불구하고 이 계획은 완전히 성공하지는 못했어.

대통령 후보의 공약은 우리의 시대상을 보여주기도 해. 1987년, 동서화해와 냉전 종식 시대를 맞아 노태우 후보는 중국, 소련, 동유럽 공산국가들과의 수교를 추진하는 '북방 외교'를 공약으로 내걸었어. 1993년 김영삼 후보는 3명의 군인 출신 전직 대통령들과는 다른 첫 문민 대통령으로서 군사정권 청산, 부정부패 척결, 금융실명제 같은 공약을 내걸었어. 1997년 IMF 외환위기를 맞은 상황에서 출마한 김대중 후보의 공약은 'IMF 경제위기 극복'이었지.

총선이나 지방선거처럼 정기적으로 실시되는 선거 외에, 개헌 등 국가의 중요한 일을 결정하기 위해 국민들의 의견을 묻는 투표. 의회를 통한 대의제(간접민주주의) 하에서 드물게 실시되는 직접민주주의 제도이다.

국민투표(referendum)는 중요한 국가적 사안을 유권자가 직접투표로 결정하는 것을 말해. 헌법을 개정할지 말지, 어떤 정책을 추진할지 말지, 정부의 정책에 대한 찬반 여부를 유권자들이 직접 결정하는 거야. 선거에서 후보를 뽑는 투표와는 다른 것이니까 혼동하면 안 돼.

공동체의 일을 전체 구성원의 투표로 결정하는 일은 우리 주변에도 흔해. 아파트 단지들이 외벽 페인트 도색 디자인을 고를 때는 입주민 전체 투표로 결정하는 경우가 많아. 부산의 어느 학교는 전교생의 투표로 교복 디자인을 선정했다고 해. 누군가는 그 디자인이 촌스럽고 마음에 안 들겠지만, 다수결로 정한 것이니까 깔끔하게 승복해야겠지.

스위스는 직접민주주의 제도를 시행하는 나라로 유명해. 그 나라에는 '칸톤'이라는 26개의 지방 행정조직이 있어. 칸톤의 사법, 교육, 세제, 교통 등에 대한 중요한 결정이 필요할 때는 전체 주민들이 모여서 공개토론을 하고 전체 투표로 의사결정을 하지. 하지만 대부분의 민주주의 국가들은 간접민주주의를 채택하고 있어. 시간, 장소, 비용 같은 현실적 문제들 때문에 직접민주주의를 하고 싶어도 할 수가 없는 거야.

그런데 우리가 아주 드물게 직접민주주의를 경험해볼 수 있는 때가 있어. 그게 바로 국민투표야. 국민투표를 '직접민주주의' 방식이라고 부르는 이유는 무엇일까? 주권을 지닌 국민들이 대표자(국회의원)를 통해서가 아니라 제 손으로 직접 의사표현을 해서 국가의 일을 결정하기 때문이야.

국민투표는 전 국민의 의사를 묻는 방식이기 때문에 엄청난 비용과 노력이 필요한 일이야. 국가의 중대사를 결정할 때 드물게 열리는 특별 이벤트라고 할 수 있지.

우리나라에서도 국민투표가 시행된 적이 몇 차례 있어. 해방 이후 1980년까지는 대부분 독재정권의 권력 유지 혹은 연장을 위한 개헌 찬반투표였어. 국민들의 의사표현이 극도로 억압된 상태에서 진행된, 해보나 마나 한 형식적 국민투표였지. 하지만 가장 최근에 실시된 1987년의 국민투표는 좀 달랐어.

그해 6월 민주항쟁 때 국민들은 대통령 직선제를 한목소리로 외쳤어. 그건 헌법을 고쳐야만 가능한 일이었고, 헌법을 고치려면 국회 의결과 국민투표를 거쳐야 했지. 전국을 뒤흔든 민주항쟁이 집권여당 노태우 대표의 '6.29 선언(직선제 수용)'으로 이어지면서 마침내 개헌의 물꼬가 트였어. 그해 10월, 대통령 직선제와 5년 단임제를 핵심으로 하는 헌법개정안이 국회를 통

국민투표는 대의제 국가에서 드물게 경험하는 직접민주주의 제도다. 1987년 제6차 국민투표 당시 어느 투표소의 풍경. (출처 : 국가지정기록물 온라인 전시관)

과했어. 뒤이어 전 국민의 78%가 참여한 국민투표가 실시되었고, 93%의 압도적인 지지로 개헌이 확정되었지. 지금 우리가 대통령을 직접 뽑는 건 이 국민투표의 결과에서 비롯된 거야.

이번에는 외국에서 국민투표가 이루어진 사례를 몇 개 살펴보자.

"스코틀랜드는 독립국가가 되어야 하는가?" 2014년 스코틀랜드는 영국으로부터 독립할지 말지를 결정하기 위해 국민투표를 실시했어. 그들은 오래전부터 영국의 영향력에서 벗어나고 싶어 했지만 21세기에는 찬반이 팽팽하게 나뉘었지. 국민투표 결과 찬성 45%, 반대 55%로 독립이 부결되었고, 스코틀랜드는 계속 영국의 일부로 남게 되었어.

영국이 유럽연합(EU)에서 탈퇴하는 것을 '브렉시트(Brexit)'라고 해. Britain(영국)과 exit(퇴장)를 합친 말이야. 나라의 미래가 달린 중대한 문제였기 때문에 영국은 2016년에 이 사안을 국민투표에 부쳤어. 개표 결과 52%가 찬성했고, 영국은 기어이 브렉시트를 감행하며 유럽연합과 결별했지.

아프리카의 수단은 북부(아랍인, 이슬람)와 남부(흑인, 기독교)의 갈등으로 수백만 명이 희생된 내전을 치렀어. 2005년에 평화협정을 맺긴 했지만 남부 수단은 북부와 계속 한 나라로 남을 것인지 고민했어. 결국 2011년에 독립 여부를 묻는 국민투표를 실시했고, 98%의 압도적 찬성으로 분리 독립을 결정했지. 이후 남수단은 아프리카에서 가장 젊은 국가이자 193번째 유엔 회원국이 되었어.

정치인들은 주권자인 국민의 위임을 받아서 법률과 정책을 만들고 집행해. 그 과정에서 때로는 국민들의 의사가 충분히 반영되지 않는다고 느껴질 때도 있어. 하지만 정말로 중요한 일을 결정할 때는 국민투표라는 비장의 카드가 있음을 꼭 기억해두자. 나라의 운명과 우리의 미래를 우리 손으로 결정함으로써 민주주의를 실현하는 수단이니까.

언 론

TV, 라디오, 신문, 유튜브 같은 미디어를 통칭하는 말. 권력을 감시하고, 사회적으로 중요한 의제를 제시하며, 시민들에게 판단의 기초가 되는 정보를 제공하는 것이 언론의 주된 역할이다.

언론의 사전적 의미는 '말이나 글로 자신의 생각을 드러내는 일'이야. 하지만 우리가 일상에서 '언론'이라고 할 때는 대개 TV, 라디오, 신문, 유튜브 같은 미디어(media)를 의미하는 경우가 많지. 언론을 흔히 '제4부'라고 부르는데, 입법부·사법부·행정부 못지않게 사회에 큰 영향을 끼치는 제4의 권력이라는 뜻이야. 현대사회에서 언론의 영향력은 그만큼 막강하고, 언론 없는 민주주의는 상상조차 할 수 없어.

옛날에는 매일 집집마다 배달되는 신문이나 TV 뉴스를 통해서만 세상 소식을 알 수 있었어. 권력이 언론을 통제하면 나라 안팎에서 무슨 일이 벌어지고 있는지 전혀 알 수가 없었지. 하지만 지금은 여러 디지털 매체들이 다양한 뉴스를 실시간으로 전파하고 있고 그 영향력이 나날이 커지고 있어. 기존의 주류 언론, 흔히 '레거시 미디어(legacy media)'라 불리는 거대 방송사와 신문사들이 언론을 독점하는 시대는 이미 끝난 지 오래야. 방송국 건물도 없고 전문적인 방송 장비도 갖추지 못한 유튜브 시사채널의 구독자 수와 재생 횟수가 대형 언론사들보다 훨씬 많으니까.

흔히 '대안 언론'이라고도 불리는 소규모 미디어는 장점도 많지만 문제점도 그만큼 많아. 언론의 편향성 논란이 끊이지 않고, 가짜 뉴스 문제가 점점 심각해지고 있어. 극단적으로 어느 한쪽에 치우치기도 하고, 검증되지 않은 내용을 보도하기도 해. 예전에는 간혹 실수로 오보(잘못된 보도)가 발생하기는 했어도 '가짜 뉴스'라는 말 자체가 없었거든. 일부 인터넷 언론은 '정론직필'이라는 언론의 사명을 외면한 채 자극적 뉴스에만 매달리면서 '조회 수 장사'를 한다는 비판을 받고 있어.

언론의 권위가 예전보다 약해지긴 했지만 그렇다고 언론의 중요성이 사라진 건 아니야. 언론은 수많은 이슈들 중에서 가장 핵심적인 의제, 즉 '어젠다(agenda)'를 제시하는 역할을 해. 사회 구성원들에게 "지금 우리에게 중요한 일이 무엇인가?"라는 질문을 끊임없이 던지는 거야. 또 다양한 정보를 제공해서 우리가 뭔가를 판단하고 결정하는 데 도움을 주지. 사회적 불의를 고발하고 문제점을 지적하는 것 또한 빼놓을 수 없는 언론의 중요한 역할이야.

언론을 흔히 '워치독(watchdog. 감시견)'이라고 불러. 권력을 감시하는 게 언론의 핵심적 기능이자 사명이기 때문이야. 언론에게 성역은 없어. 권력의 잘못을 낱낱이 감시하고, 캐내고, 비판을 쏟아내지. 언론과 권력은 늘 팽팽한 긴장관계에 놓여 있어. 그게 정상이야. 권력자를 불편하게 만들지 않는 언론은 더이상 언론이라고 할 수 없어.

워치독의 반대편에는 '랩독(lapdog)'이 있어. 주인의 무릎에 앉은 강아지처럼 딸랑거리며 권력에 아부하고 순응하는 언론을 말해. 그들은 권력자의 얘기를 무비판적으로 받아쓰고, 권력자의 주장을 앵무새처럼 따라 하지. 비판과 감시는 그들에겐 남의 이야기일 뿐이야. 주인에게 재롱을 부리고 맛있는 간식을 얻어먹는 게 유일한 목적이니까.

언론의 자유는 헌법으로 보장되어 있어. 비판의 자유가 살아 있어야 민주주의가 제대로 지켜지고 유지될 수 있기 때문이야. 이 헌법적 권리를 바탕으로 국민들을 대신해서 질문을 던지는 사람이 바로 언론사의 기자들이야. 미국 기자들은 종종 대통령에게 당돌하고 직설적인, 때로는 무례해 보이기까지 하는 질문을 던져. 대통령 입장에선 몹시 난처하겠지만, 그렇다고 그기자의 입을 틀어막거나 해외 순방 비행기에 못 타게 가로막지는 않아. 오바마 대통령은 이렇게 말했지. "기자는 아첨꾼이 아니다. 어려운 질문을 해야 한다."

미국뿐 아니라 우리가 선진국이라고 부르는 나라들은 대부분 언론 자유의 수준이 높아. 나라가 발전할수록 언론 자유가 확대된다고 볼 수도 있고, 언론 자유가 나라 발전에 긍정적인 영향을 끼친다고 해석할 수도 있지.

‘국경 없는 기자회(RSF)’는 2024년에 세계 언론 자유 지수를 발표했어. 노르웨이, 덴마크, 스웨덴이 1, 2, 3등을 차지했고 한국은 62위였지. 당시 보고서에 실렸던 분석이 아주 의미심장해. 한국은 언론 자유를 존중하는 국가지만, 기업과의 이해관계 때문에 감시자 역할을 제대로 못 하는 경우가 있다는 거야. 우리나라의 주류 언론은 광고 수입에 대한 의존도가 높기 때문에 광고업계의 ‘큰손’인 대기업 비판을 꺼리는 경향이 있거든. 진정한 워치독이 되려면 그런 의존관계에서 속히 벗어날 필요가 있어.

1970~80년대 군사독재 시절에는 언론인들이 정권을 비판하다가 직장에서 쫓겨나는 일이 많았어. 몇몇은 심지어 감옥살이를 하기도 했지. 정부가 특정 언론사를 강제로 문 닫게 하거나 다른 회사와 통폐합시킨 적도 있었어. 이제 그런 암울한 시대는 모두 지나갔고, 러시아나 사우디아라비아처럼 정부에 비판적인 기사를 쓴 기자가 살해되는 일도 없지.

하지만 62위라니? 언론 자유를 향한 투쟁이 촘촘히 새겨진 우리 현대사를 떠올려보면 너무 부끄러운 등수가 아닐까?

다양한 사회적 현안들 중에서 우선적으로 논의되고 처리되어야 할 핵심 사안. 우리말로는 '의제'라고 한다. 언론의 핵심적 역할 중 하나가 바로 어젠다를 설정하고 제시하는 일이다.

어젠다(agenda)는 회의할 때 올라오는 안건이나 주제를 뜻해. 이 말의 사전적 의미는 할 일, 고려할 것들의 목록이야. 다양한 사회문제들 중에서도 우선적으로 논의되고 처리되어야 할 핵심 사안이 어젠다라고 생각하면 돼. 우리말로는 '의제'라고 하는데, 그냥 외국어 그대로 쓰는 경우도 많아.

우리 가족이 금요일 밤에 가족회의를 한다고 해보자. 우선 회의의 안건을 정해야겠지?

⑴ 주말에 강아지 산책과 목욕은 누가 시킬까?

　⇨ 전담제 vs 당번제

⑵ 주말 스마트폰 사용 시간 정하기

　⇨ 하루 3시간 vs 하루 5시간

⑶ 토요일 외식 메뉴 정하기

　⇨ 봉골레 파스타 vs 순댓국

가족끼리 상의해야 할 일들은 아주 많지만 이번 회의에서는 이 안건들을 우선적으로 처리해야 해. 안 그러면 당장 내일부터 티격태격하고 우왕좌왕할 수 있으니까 말야. 위의 3가지 안건들이 바로 우리 가족의 당면한 어젠다가 되는 거지.

사회 역시 마찬가지야. 우리가 현재 당면한 어젠다가 무엇인지 정하는 것을 '의제 설정'이라고 해. 해결이 시급한 중요한 사회적 문제들을 골라내는 거야.

그렇다면 누가 의제를 정할까? 예전에는 TV, 라디오, 신문 같은 대형 미디어들이 의제 설정을 주로 담당했어. 요즘에는 유튜브를 비롯한 인터넷 매체들의 영향력이 크게 늘어났지. 기성 언론이건 대안 언론이건, 의제를 설정하고 여론을 이끌어내는 게 미디어의 핵심적 역할이라는 점에서는 차이가 없다고 할 수 있어.

미디어의 의제 설정은 매우 강력한 힘이야. 언론의 가치판단과 취사선택에 따라서 매일매일 새로운 뉴스가 만들어져. 언론이 어떤 내용을 집중적으로 보도하면 사람들은 당연히 그것을 중요한 문제로 인식하게 돼. 반대로 언론이 어떤 사실을 일부러 소홀히 다루거나 아예 다루지 않음으로써 그 중요성을 축소할 수도 있어. 언론 보도가 시민들의 여론에 절대적인 영향을 끼치는 거야. 그래서 독재자들은 늘 언론을 통제하려고 하지. 정부에 비판적인 기사를 쓰던 기자가 협박을 당하거나 심지어 살해를 당하는 일도 종종 일어나곤 해.

2024년, 이스라엘의 팔레스타인 공습으로 무려 4만여 명이 생명을 잃었고 그중 4분의 1은 어린이들이었어. 뉴스 보도가 없었다면 우리가 절대 알 수 없는 사실이지. 뉴스는 사건의 경위나 결과만 건조하게 전달하는 게 아니고 가족을 잃은 사람들, 포대에 쌓인 시체, 울부짖는 얼굴 같은 참혹한 영상을 반복해서 보여줘. 당시 전 세계의 시청자들이 큰 충격을 받았고, 이스라엘에 대한 국제사회의 여론은 크게 악화되었지. 미디어의 의제 설정은 이렇듯 한 나라뿐 아니라 전 세계의 여론 형성에도 결정적 역할을 끼치고 있어.

정치인들도 의제 설정에서 중요한 역할을 해. 정치권에서 세금 감면, 부동산 정책, 복지수당 같은 굵직한 정책을 들고 나오면 전 국민의 관심이 집중되고 치열한 토론이 벌어지지. 그 정책들이 우리 사회의 어젠다로 떠오르게 되는 거야. 때로는 상대 정당의 정책적 실패나 도덕적 문제를 신랄하게 공격하기도 해. 언론이 그걸 대대적으로 보도하고 여론이 호응하면 의제 설정에 성공하는 것이고, 별 반응이 없으면 단순한 정치공세에 그치게 되는 거지.

시민사회 또한 의제 설정의 중요한 주체 중 하나야. 어떤 문제에 대한 시민사회의 의견이나 주장이 미디어의 조명을 받아 우리 시대의 어젠다가 되기도 하고, 미디어의 외면 속에 묻혀 있던 시민들의 참신한 아이디어를 정치인들이 발굴해서 새로운 어젠다로 끌어올리기도 해.

시민사회와
정치

국민과 시민
기본권
시위
시민혁명
저항권
시국선언
비정부기구

국민은 국가의 구성원, 즉 국적을 가진 사람을 뜻하고 시민은 사회공동체의 일원으로써 헌법적 권리와 의무를 갖는 자유민을 뜻한다. 둘 다 동일한 대상을 가리키는 말이지만, '국민'이 단순한 집합명사인 것과 달리 '시민'은 공동체 구성원으로서의 능동성과 주체성에 초점을 둔 용어라고 할 수 있다.

국민은 국가의 구성원이고 국가에 속한 사람이야. 법적으로는 '그 나라의 국적을 가진 사람'을 국민이라고 하지. 우리는 태어나면서부터 대한민국 국민이었어. 국적은 고정불변인 건 아니어서, 일정한 절차와 요건을 갖추면 한국인이 외국 국적으로 바꿀 수도 있고 외국인이 한국 국적을 얻을 수도 있어. 그걸 '귀화'라고 하는데, 필요한 조건은 나라마다 조금씩 달라.

국민이라는 말에는 어두운 역사의 그림자도 있어. '국민(國民)'이라는 한자어는 원래 일본 천황의 지배를 받는 백성을 뜻하는 '황국신민(皇國臣民)'의 준말이었거든. 일제강점기였던 1941년에 일왕 히로히토의 칙령에 의해 기존의 '소학교'가 '국민학교'로 바뀌었어. 충성스러운 황국신민을 길러내는 학교라는 뜻이야. 그 명칭이 해방 후에도 오랫동안 이어지다가 1996년에 '초등학교'로 뒤늦게 바뀌었지. 지금은 국민이란 말에서 그런 의미를 떠올리는 경우가 별로 없지만 아무튼 역사적 배경은 그랬어.

국민이 국가의 구성원이면 시민은 도시의 구성원일까? 물론 행정적으로는 그런 의미도 담고 있어. 서울 시민, 부산 시민처럼 말이야. 하지만 우리말의 '시민(市民)'이나 영어의 'citizen'은 특정 행정구역에 속해 있다는 것 이상의 적극적인 개념을 담고 있는 어휘야. 공동체의 일원으로서 자유롭고, 권리와 의무를 지닌 사람이란 뜻이지. 표준국어대사전에는 이렇게 설명되어 있어.

시민 : 국가 사회의 일원으로서 그 나라 헌법에 의한 모든 권리와 의무를 가지는 자유민.

이 말의 유래는 고대 그리스의 도시국가인 폴리스(polis)까지 거슬러 올라가. 폴리스의 시민은 '정치에 참여하는 사람'으로 정의할 수 있어. 왕이나 귀족이 아닌 평범한 시민이 정치에 참여하는 것은 고대 사회로서는 엄청난 파격이었지.

18세기 유럽에서는 프랑스를 비롯한 여러 나라에서 시민혁명이 잇달아 일어났어. 왕정을 무너뜨리고 공화정이 수립되면서 봉건시대가 종말을 고하고 근대가 시작되었지. 사회를 지배하던 봉건적 계급이 사라지고, 자유와 평등을 누리는 근대적 시민이 탄생한 거야. 이제 공동체의 모든 구성원들이 자유로운 시민의 권리를 얻게 되었어.

　20세기는 시민의 권리가 점점 더 확대되는 시기였어. 사회적 위치, 성별, 재산, 인종 등과 상관없이 모두에게 투표권이 주어지고 국가에 대해 권리를 주장할 수 있게 되었지. 대한민국 헌법 제1조에 나와 있듯이, 오늘날 민주주의 공화국은 국가의 중요한 결정권이 국민에게 있고 국민이 주인인 정부야. 구성원 모두 차별 없이 시민으로서 권리를 행사해.

　"그렇다면 국민과 시민은 같은 말 아닌가?"라는 의문이 생길 수 있어. 결론부터 얘기하면, 둘은 같으면서도 좀 달라. 일단 국민과 시민이 모두 동일한 대상을 가리키는 말인 건 맞아. 즉, 국민이 시민이고 시민이 국민이야. 다만 초점이 좀 달라. 국민이 단순한 집합명사인 것과 달리, 시민은 공동체 구성원으로서의 능동성과 주체성을 좀더 강조하는 말이라고 생각하면 돼.

　우리나라에서는 1987년 이후 민주화 과정에서 시민사회가 성장하면서 참여연대, 환경운동연합 같은 다양한 시민단체들이 등장했고 시민운동이 활발해졌어. 이 과정에서 그때까지 생소했던 '시민'이라는 말이 널리 퍼지기 시작했어. 국가의 관리와 통제에 따르던 수동적인 '국민'이 공동체의 문제를 스스로 해결해나가는 능동적 '시민'으로 성장한 거지. 일종의 '레벨 업'이라고 할까?

　우리 시대의 시민은 누군가의 지시나 통치를 덮어놓고 따르는 사람이 아니야. 적극적으로 자기 의견과 주장을 펴면서 정치의 주체로 참여하지. 권력자가 잘못하면 매섭게 비판하고 다양한 현안들에 대해 자기 목소리를 내며 민주주의를 지켜내는 이들이야. 때로는 권력을 남용하는 독재자를 권좌에서 끌어내리기도 하지. 이러한 시민들은 아테네의 시민들처럼 '스스로를 통치하는 사람들'로 불릴 수 있을 거야.

기 본 권

자유권, 평등권, 참정권, 사회권처럼 모든 국민에게 당연하게 주어지는 권리. 흔히 '자연권'이라 불리는 인권이 헌법으로 명문화된 것이 바로 국민의 헌법적 권리인 기본권이다.

기본권은 국민에게 당연하게 주어지는 권리야. 그래서 '국민 기본권'이라고도 해. 이것은 헌법에 의해 보장되는 권리야. 우리 헌법 제10조는 이렇게 말하고 있어. "모든 국민은 인간으로서의 존엄과 가치를 가지며, 행복을 추구할 권리를 가진다."

기본권과 인권은 비슷하지만 약간 차이가 있어. 인권은 인간이라면 누구나 누리는 권리고, 국가 이전의 권리야. 즉, 국가나 법률이 생기기 전부터 우리에게 있는 권리라는 뜻이야. 하늘이 부여한 권리라는 의미에서 '천부인권(天賦人權)'이라고도 하고, 원래부터 존재하는 권리라는 뜻에서 '자연권(natural rights)'

이라고도 하지. 바로 그 인권이 헌법에 명문화되면서 국민의 법적 권리인 기본권이 된 거야. 개념적으론 그렇지만 실제로는 기본권과 인권이 거의 같은 의미로 쓰이는 경우가 많지.

국가는 국민 위에 군림하고 통제하는 기관이 아니야. 국민으로부터 위임받은 권력을 슬기롭게 활용해서 국민의 기본권을 보장하고 확대해나가는 게 국가의 첫 번째 역할이자 의무라고 할 수 있어.

기본권의 종류는 다양해. 우선 '자유권'이 있어. 어디에 가서 무슨 일을 하고 살든, 무슨 말을 하고 어떤 신념을 갖든 그건 내 자유야. 내가 사는 방식에 대해 국가의 부당한 간섭을 받지 않을 권리가 우리 모두에게 있어.

'평등권'은 불합리한 차별을 받지 않을 권리야. 남자든 여자든, 기독교든 불교든, 1급 공무원이든 9급 공무원이든 우리는 법 앞에서 동등한 대우를 받아야 해.

'참정권'은 국가의 의사결정에 참여할 수 있는 권리야. 우리는 각종 선거에 참여해 우리를 대표하는 사람을 뽑을 수 있고(선거권), 우리 자신이 그 후보자로 나설 수 있고(피선거권), 국가의 공직을 맡을 수 있으며(공무담임권), 국가의 주요 정책을 직접 결정할 수 있어(국민투표권).

'사회권'은 인간다운 생활 보장을 국가에 요구할 권리야. 조금 전에 얘기했던 헌법 제10조의 '행복을 추구할 권리'에 따라서, 우리 모두는 교육받을 권리, 노동의 권리, 인간다운 삶을 위한 사회보장 서비스를 받을 권리가 있어.

대한민국은 각자의 재능과 노력에 대한 보상이 철저하게 보장되는 나라야. 저마다의 능력이나 성취에 따라 주어지는 보상이 천차만별일 수 있지. 하지만 기본권은 그러한 개개인의 능력과 상관없이 모든 공동체 구성원들에게 똑같이 주어지는 거야.

이러한 권리는 얼핏 추상적인 개념으로 느껴지기도 해. 진지하고 근엄하게 "우리에게 자유와 권리가 있다"고 선언하지만 내 마음에 딱 날아와 꽂히지는 않지. 하지만 기본권은 절대 추상적이거나 당위적인 선언이 아니고, 매우 실제적인 거야. 헌법에 분명하게 적혀 있고, 필요할 때는 누구나 적극적으로 그 권리를 추구할 수 있어. 마땅히 그래야 하기도 하고. 권리라는 건 잠자는 자에게는 주어지지 않는 법이거든.

우리 헌법은 1987년에 개정되어 40여 년째 이어지고 있어. 고문과 인권탄압에 맞선 6월 민주항쟁의 소중한 성과였고, 기본권 항목들도 그전보다 훨씬 풍부해졌지. 하지만 그 시절에 그랬듯 지금도 시대 변화를 반영한 기본권의 확장이 다시 한번 필요한 시점이야. 쾌적한 환경에서 살 권리인 환경권, 디지털 매체에 누구나 쉽게 접근할 수 있는 디지털 접근권, 인터넷에 떠도는 개인정보를 삭제할 수 있는 '잊힐 권리,' 출산과 낙태에 대한 자기결정권, 연명의료 중단을 결정할 권리 등등. 언젠

가 다시 한번 개헌이 이루어지면, 그때는 지금보다 더 다양하고
풍부한 기본권이 헌법에 실리게 될 거야.

시 위

시위는 여러 사람들이 모여 집회를 하며 자신들의 주장과 뜻을 알리는 행동을 말해. 영어로는 데몬스트레이션(demonstration), 줄여서 '데모(demo)'라고 하지. 단순한 주장을 넘어서 적극적인 반대와 항의를 드러내는 시위는 '프로테스트(protest)'라고도 해.

평양의 김일성 광장에서 시위가 벌어졌다는 말 못 들어봤지? 시위는 민주주의 국가에서 모든 시민들에게 보장된 권리야. 우리 헌법에도 집회와 결사의 자유를 분명하게 명시하고 있어. 주권자로서 자기의 뜻을 다른 시민들과 정부에 알리는 것은 민주주의 사회에서 꼭 필요한 일이지. 세상에는 다양한 내용의 시위가 있지만 여기서는 우리나라 역사에서 아주 중요했던 정치적 시위에 대해 알아볼게.

　1979년 10월, 유신정권의 독재에 반대하고 민주화를 요구하는 시위가 부산에서 시작되었어. '유신철폐, 독재타도'를 외치는 학생들에게 시민들이 합세하여 대규모 시위가 되었어. 계엄령이 선포되고 군대가 투입되었지만 부산의 시위는 마산까지 확대되었어. 부산과 마산의 첫 글자를 따서 '부마 민주항쟁'이라고 부르는 이 시위는 진압 방식을 둘러싼 권력 내부의 갈등으로 이어지며 유신독재 종말의 기폭제가 되었어.

　1980년 봄에는 군부독재 종식과 민주화를 요구하는 시위가 전국에서 일어났어. 5월 15일에는 서울역에 10만 명의 대학생들이 모여 시위를 벌였고, 이튿날 광주에서는 학생과 시민들이 계엄 철폐와 유신세력 퇴진을 외쳤지. 5월 18일 광주에 진입한

다수가 모여 자신들의 주장을 드러내는 것은 모든 시민에게 보장된 기본권이며, 대한민국 헌법 또한 집회와 시위의 자유를 분명하게 보장하고 있다.

계엄군은 총칼을 휘두르며 진압에 나섰지만 시민들은 물러서지 않고 용감하게 맞서 싸웠어. 이 '5.18 광주민주화운동'은 대한민국 현대사의 가장 중요한 장면들 중 하나가 되었고, 수많은 예술가들이 글과 음악과 그림으로 시민들의 항쟁을 기려왔어. 노벨 문학상을 수상한 한강 작가의 『소년이 온다』도 그중 하나였지.

1987년 6월에는 전국적으로 수백만 명이 참여한 '6월 민주항쟁'이 일어났어. 시민들은 "호헌철폐, 독재타도"를 외치며 거리를 가득 메웠어. '호헌철폐'는 기존 헌법(대통령 간선제)을 유지하겠다는 전두환 대통령의 방침을 취소하라는 뜻이었지. 이 항쟁의 기폭제가 된 건 경찰에게 물고문을 당한 서울대학생 박종철 군의 죽음이었어. 당시까지만 해도 민주화 운동을 하다가 체포되어 전기고문, 물고문을 받는 일이 흔했거든. 군사독재와 인권탄압을 끝장내고 민주적인 정부를 세우려는 열망이 어느 때보다 뜨거웠던 시기였어.

이후로도 1990년대까지 우리나라에는 시위가 끊이지 않았어. 대학생이 되면 통과의례처럼 데모 현장에 나갔어. 시위대는 직접 만든 화염병이나 보도블록 조각을 던졌고 진압 경찰은 최루탄을 쐈지. 전투처럼 격렬한 시위였어. 당시 외국인들이 한국의 이미지로 분단국가와 데모를 떠올릴 정도였으니까. 바꿔 말하면, 그만큼 정치적 억압이 심했고 시민들의 저항 또한 그만큼

컸다는 의미가 되겠지.

이처럼 빛나는 민주주의의 역사를 지닌 우리나라 사람들은 민주주의가 무너지거나 위협받을 때 그것을 원래대로 되돌려 놓는 실행능력이 남달리 강해. 돌이켜 보면 여러 위기의 순간이 있었지만, 매번 시민들의 항쟁으로 민주주의의 회복을 이루어 냈지. 2000년대를 지나오면서 예전처럼 물리적으로 격렬하게 충돌하는 시위는 자취를 감추었지만, 민주주의를 내 손으로 지켜내겠다는 시민들의 의지는 예나 지금이나 여전히 그대로인 것 같아.

지금도 시위는 계속되고 있어. 나라에 무슨 일이 생겼다 하면 광화문, 서울역 광장, 시청 앞 광장, 그리고 전국의 광장마다 사람들이 모이지. 2016년 박근혜 국정농단 때도 그랬고 2024년 윤석열의 불법계엄 때도 마찬가지였어.

주권이 무엇이고 민주주의가 무엇인지 평소에는 실감하기가 어려워. 하지만 광장에 수십만 인파가 집결하면 분명하게 확인할 수 있어. 누가 이 나라의 주권자인지, 누가 대한민국의 민주주의를 지켜가는지. 비상식적인 주장을 하는 사람들도 더러 있지만, 누구든지 자기 의견을 말할 권리를 보장해주는 게 또한 민주주의야.

우리나라는 평화시위로 전 세계에 깊은 인상을 남겼어. 몇만 명이 모여서 K-팝을 떼창하고, 처음 보는 사람들끼리 어깨동

무를 하고, 평범한 사람들이 연단에 올라와서 당당하게 자기의 소신을 이야기하지. 증오와 폭력은 찾아볼 수 없어. 프로그램이 끝나면 쓰레기까지 치우고 해산하는 질서정연한 시위는 수많은 외국인들을 감탄하게 하지. 다른 나라에서 시위가 벌어지면 일단 뭔가를 박살내고 불태우는 경우가 많거든. 대규모 약탈이나 폭동으로 번지는 경우도 드물지 않아.

축제하듯 야광봉을 흔들며 노래하는, 그러면서도 또렷한 정치적 메시지를 던지는 대한민국의 시위를 지구촌 민주주의 교과서의 한 페이지에 실어주면 좋겠어.

중세에서 근대로 이행하는 시기에 시민계급이 봉건제와 절대왕정을 무너뜨리고 새로운 사회체제(자본주의)를 수립한 혁명을 일컫는 말. 우리나라의 4.19 혁명, 튀니지의 재스민 혁명처럼 현대 사회에서 시민들의 시위로 독재자를 몰아내는 것 역시 시민혁명으로 불린다.

근대의 출발점이 된 유럽의 시민혁명은 시민들의 힘으로 봉건제와 절대왕정을 무너뜨리고 새로운 사회 질서를 수립한 것을 말해. 루이 16세를 단두대에서 처형한 프랑스 혁명(1789)이 대표적인 사례지. 당시 혁명을 주도한 세력이 신흥 자본가들, 즉 부르주아 계급이었기 때문에 이 시기의 시민혁명을 '부르주아 혁명(bourgeois revolution)'이라 부르기도 해.

현대 사회에서 시민혁명은 시민들의 시위로 독재자를 몰아내고 정권을 교체하는 것을 가리켜. 비록 서구에 비해 민주주의 역사는 짧지만, 아시아의 여러 국가들은 불꽃 튀는 시민혁명의 역사를 간직하고 있지.

1960년에 우리나라 시민들은 독재와 부정선거에 맞선 4.19 혁명으로 이승만 대통령을 몰아냈어. 1986년 필리핀에서는 '피플 파워(people power)'로 불린 민주화운동이 일어나 독재정권을 무너뜨렸어. 이승만이 그랬듯 독재자 마르코스 역시 하와이로 망명했지. 미얀마의 시민과 학생들은 1988년 8월 8일 군부 정권에 맞서 시위에 나섰어. 연도와 날짜를 따서 '8888 혁명'으로 불린 이 시위에서 미얀마 시민들은 군부의 총칼에 정면으로 맞섰고, 무려 3천여 명이 희생되었어.

21세기에도 시민혁명은 계속 이어지고 있어. 2010년에는 튀니지에서 장기집권 독재자에 반대하는 대규모 시위가 일어났어. 벤 알리 대통령은 결국 사우디아라비아로 망명해야 했지. 아프리카 아랍 지역 최초로 민주화 시위를 통해 독재정권을 무너뜨린 이 사건을 세계 언론은 '재스민 혁명'이라고 불렀어. 튀니지의 국화가 재스민이었기 때문이야. 이후 재스민 혁명은 튀니지뿐 아니라 아랍권 전체의 민주화 운동을 상징하는 명칭이되었지.

1987년 6월항쟁 당시 서울 도심을 가득 메운 군중들. 시민혁명은 소수의 영웅이나 엘리트가 아니라 수많은 시민들이 함께 만들어내는 역사적 사건이다.

2014년에 홍콩 시민들은 행정장관 선출에 대한 중국의 간섭에 반대하며 직선제를 요구하는 시위를 벌였어. 당시 시위대가 경찰의 최루 가스 공격을 막기 위해 우산을 사용했기 때문에, 이 시위는 '우산 혁명'으로 불렸어. 비록 목표를 이루지는 못했지만 전 세계의 눈과 귀가 쏠렸던 사건이었지.

21세기에는 그 옛날처럼 감옥을 습격하고 불을 지르고 누군가를 교수대에 매다는 격렬한 혁명은 거의 일어나지 않아. 하지만 민주주의를 열망하는 시민들의 혁명은 앞으로도 계속될 거야. 나쁜 지도자가 등장해서 시민들의 자유와 권리를 억압하고 민주주의를 훼손하는 일은 어디선가 끊임없이 일어날 테니까.

시민혁명의 역사에서 우리는 두 가지의 깨달음을 얻을 수 있어.

첫째, 시민혁명은 한 사람의 영웅이 아니라 수많은 시민들이 함께 만들어낸 사건이야. 작은 눈송이들이 뭉쳐 거대한 눈사태를 일으키듯이, 작디작은 시민들의 힘이 모여 역사를 뒤바꾸었지. 1987년 6월 민주항쟁을 다룬 영화 〈1987〉의 마지막 장면에는 거리를 가득 메운 시위 군중들의 모습이 나와. 바로 그들이 시민혁명의 주역이었음을 상징적으로 보여주는 장면이야.

둘째, 새로운 세대에게는 민주주의를 잘 지켜내야 할 책임이 있어. 민주주의는 공기처럼 당연하게 우리에게 주어진 게 아니야. 앞 세대의 많은 사람들이 민주주의를 위해 싸웠고, 체포되어 고문을 당하면서도 신념을 꺾지 않았고, 심지어 목숨까지 던졌어. 덕분에 지금 우리가 이만큼의 민주주의와 자유를 누릴 수 있게 된 거야. 그분들의 투쟁과 희생이 헛되지 않도록 대한민국의 민주주의를 튼튼하게 지켜내야 해.

주권자인 시민들이 부당한 권력에 맞서 저항할 권리. 17세기 정치사상가 존 로크가 처음 제시했고 프랑스 헌법과 미국 독립선언문 등에서 구체화된 개념이다. "불의에 항거한 4.19 민주이념을 계승한다"는 대한민국 헌법 전문 또한 국민의 저항권을 헌법적 권리로 인정하는 것으로 해석된다.

저항권은 말 그대로 저항할 수 있는 권리를 말해. 주권을 가진 시민으로서 부당한 권력에 저항하는 것은 누구도 억압할 수 없는 당연한 권리인 거야.

인간에겐 원래 타고난 저항 본능이 있어. 사춘기 때 엄마 아빠의 잔소리가 듣기 싫은 것은 자아가 형성되는 과정에서 생기는 자연스러운 현상이야. "내가 왜 아빠가 하라는 대로 해야 되는데?" "엄마는 왜 내가 하는 일에 사사건건 간섭하는데?" 이렇게 대들고 싶을 때가 종종 있지.

반항적 사춘기가 지나고 어른이 되면 더 큰 권위의 영향 아래 살게 돼. 때로는 동의할 수 없는 지시나 부당한 명령을 받기도 하지. 그럴 때 우리는 과연 권위에 도전하거나 저항할 수 있을까? 그것이 직장 상사나 대표가 아닌, 서슬 퍼런 국가의 권위라면 어떨까? 이에 대한 답을 얻기 위해 정치사상가 존 로크 (1632-1704)의 말을 잠깐 들어보자.

로크에 의하면 국가가 있기 전에 우리는 자유로운 인간이었어. 인간은 자연 상태에서 생명, 자유, 재산을 침해당하지 않을 권리를 지니고 있었어. 그런데 그렇게 살자니 늘 위험에 노출되어 있어서 불안하잖아? 그래서 국가를 세우고 개인의 권리들 중 일부를 넘기기로 했어. 공동체의 규칙을 정할 권리나 범죄자를 처벌할 권리 등을 국가에 위임하는 대신, 국가는 군대와 경찰을 통해 국민들을 전쟁이나 범죄로부터 보호해주기로 한 거지. 개인과 국가가 맺은 이 계약을 로크는 '사회계약'이라고 불렀어.

그런데 국가가 그런 합법적인 폭력 수단으로 도리어 국민들의 자유와 권리를 빼앗고 탄압한다면 어떻게 해야 할까?

국가권력의 정당성은 국민과의 합의에서 비롯된 거야. 땅에서 솟아나거나 하늘에서 떨어진 게 절대 아니지. 국가권력이 헌법이 보장하는 자유와 권리를 빼앗고 억압한다면, 그건 명백한 합의 위반이야. 이런 상황을 되돌릴 합법적인 수단이 있으면 좋겠지만 마땅한 방법이 없네? 그러면 국민들은 최후의 수단으로 무력을 동원하여 부당한 권력을 쫓아낼 수 있어. 바로 이게 로크가 말한 '저항권'이야.

저항권은 이론에 머물지 않고 역사 속에서 실체가 되었어. 1789년 프랑스 혁명 이후에 제정된 헌법에는 "헌법에 규정된 기본권이 현저히 침해될 때 모든 국민은 저항할 권리가 있다"는 대목이 있고, 영국에 맞서 독립전쟁을 벌였던 미국의 독립선언문(1776)에는 "정부가 애초의 목적을 배반할 때 국민들은 그

정부를 바꾸거나 파괴하고 새 정부를 세울 권리가 있다"고 적혀 있지.

1849년 미국의 헨리 데이비드 소로는 『시민의 불복종』이라는 에세이를 썼어. 텍사스는 미국에서 두 번째로 면적이 큰 주인데, 원래는 멕시코 땅이었어. 당시 미국은 텍사스를 뺏기 위해 멕시코와 전쟁을 벌였지. 소로는 그러한 불법적인 전쟁 비용을 댈 수 없다며 세금을 거부했어. 그리고 정의롭지 않은 법에 복종하지 않겠다고 선언했는데, 로크의 저항권과 맥이 닿는 그의 선언은 이후 마하트마 간디의 비폭력 저항 운동에 큰 영향을 끼쳤다고 해.

100년 뒤 미국의 청년들은 소로와 비슷한 상황을 맞이했어. 1960~70년대 미국은 베트남전쟁에 보낼 군인들을 징집했지. 그러자 수십만 명의 젊은이들이 정당성 없는 전쟁에 참여할 수 없다며 징집을 거부했어. 19세기 소로의 불복종이나 20세기 청년들의 반전운동은 국가권력 자체를 끌어내리려 한 건 아니지만, 국가의 부당한 권력 행사를 따르지 않음으로써 저항권을 보여준 사례들이야.

우리나라에서 저항권은 불의한 정권에 맞서 민주주의를 회복하려는 노력으로 나타났어. 그중 하나가 1960년 4.19 혁명이야. 독재와 부정선거에 반대하며 전국에서 들고 일어난 시민들이 결국 이승만 대통령을 몰아냈지. 우리나라 헌법 전문에는

1980년 5월의 광주. 무장 계엄군에 맞선 광주 시민들의 치열한 항쟁은 불의한 권력에 맞서는 저항권의 대표적 사례로 우리 역사에 기록되어 있다.
(출처 : 5.18기념재단)

"불의에 항거한 4.19 민주이념을 계승"한다는 대목이 있어. 국민의 저항권을 헌법적 권리로 인정한다는 뜻이야.

1980년 5.18 광주민주화운동의 시작은 대학생들의 평화적인 시위였어. 하지만 전두환 신군부가 계엄군을 보내 시민에게 대검을 휘두르고 총을 쏘게 만들었지. 그러자 시민들은 파출소 무기고의 총기로 무장하고 계엄군에 맞서 치열하게 싸웠어. 민주주의를 위한 최후의 수단으로서 국민의 저항권을 행사한 대표적 사례라고 할 수 있지.

2025년 1월, 불법계엄을 일으킨 윤석열 대통령에게 구속영장이 발부되자 일부 극우세력이 서울 서부지방법원에 침입해 난동을 부린 사건이 있었어. 그들은 자기들의 법원 습격이 국민 저항권에 기초한 정당한 행동이라고 주장했지. 하지만 그건 저항권이 아니라 심각한 범죄였고, 수십 명이 징역형을 선고받았어. 저항권을 제대로 행사한 건 국회로 달려가 계엄군과 맞섰던 시민들, 그리고 한겨울에 촛불과 응원봉을 들고 거리로 나섰던 국민들이었지.

당면한 사회문제에 대한 의견이나 주장을 담은 선언. 과거 독재정권 시절에는 반민주적 권력을 비판하고 민주화를 촉구하는 지식인들의 기습적 시국선언이 자주 발표되었다. 12.3 불법계엄 당시에도 수많은 지식인, 문화예술인, 종교인 등이 시국선언을 발표했다.

'시국(時局)'은 당면한 정치적, 사회적 상황을 뜻해. 시국선언은 사회의 문제점을 고발하고 그것을 바로잡도록 공개적으로 촉구하는 행동을 의미하지. 사람들을 일깨우고, 생각이 같은 사람들을 하나로 뭉치게 하고, 구체적 실천에 나서도록 이끄는 게 시국선언의 목표야. 대개 뜻을 같이하는 사람들이 모여서 공개적으로 선언문을 발표하는 방식으로 진행돼.

과거 군사독재 시절에는 민주화를 요구하는 시국선언이 많았어. 뭔가 중요한 사건이 터질 때마다 교수, 목사, 신부, 예술가, 언론인 등이 비밀리에 연판장을 돌려서 기습적으로 선언문을 발표하곤 했지. 지금은 누구나 정치적 발언을 거리낌 없이 할 수 있지만 그땐 달랐어. 시국선언에 이름이 올랐다는 것만으로도 잡혀가서 구속되거나 고문을 받던 시절이었으니까.

1974년 11월, 101명의 시인과 소설가들이 유신 치하에서 구속된 작가들의 석방과 언론·출판·집회의 자유를 요구하는 시국선언을 발표했어. 정확히 50년이 지난 2024년 11월, 이번에는 새까만 후배들인 한국작가회의 소속 작가 1,056명이 시국선언을 발표하고 윤석열 대통령의 퇴진을 요구했어. 작가들은 누구보다 자유로운 영혼을 지닌 사람들이니까 권력의 폭주를 견디기도 그만큼 힘들었겠지.

1980년 5월 15일에는 '지식인 134인 시국선언'이 있었어. 10.26으로 독재자 박정희가 사망하자 국민들은 곧 민주화가 올 것이라고 믿었지. 하지만 전두환이 이끄는 신군부가 12.12 쿠데타로 실권을 장악하면서 믿음은 불안으로 바뀌었어. 그래서 전국의 교수들이 비상계엄 해제, 언론 자유, 국군의 정치적 중립 등을 주장하는 시국선언을 발표했던 거야. 불과 3일 뒤에 벌어질 광주의 비극을 미리 예견했던 것일까.

그로부터 45년 뒤인 2024년 12월 3일, 대한민국엔 또다시 비상계엄이 선포되었어. 이번에도 다양한 사람들의 시국선언이 줄줄이 이어졌지. 특히 눈에 띄었던 게 12월 10일 광화문 광장에서 발표된 청소년 시국선언이야. 연단에 오른 청소년들은 한목소리로 외쳤어. 계엄 사태로 민주주의를 후퇴시키고 자유와 인권을 위협한 대통령을 즉시 탄핵하라! 선언에 동참한 청소년은 5만 명이 넘었다고 해.

너희가 뭘 안다고 그러냐며 비아냥거리는 사람들도 없진 않겠지. 하지만 시국선언은 꼭 공부를 많이 했거나 사회적 지위가 있는 어른들만 하는 건 아니야. 청소년도 나름의 생각과 지식이 있고, 무엇이 옳은지 충분히 판단할 수 있어. 4.19 혁명 때는 전국에서 많은 중·고등학생들이 교복 차림으로 시위에 나섰지.
5.18이나 6월항쟁 때도 마찬가지였고.

청소년들 또한 우리 사회의 구성원으로서 당당히 자기들의
정치적 견해를 밝힐 권리가 있다는 것을 꼭 기억해두자.

국가나 정부로부터 독립적으로 활동하는 시민 중심의 조직이나 단체. 흔
히 NGO라 불리며 국제구호, 환경, 인권, 교육, 복지 등 다양한 영역을 아우
르고 있다. '시민단체'라 불리는 대부분의 단체들이 이에 해당한다.

인류 사회에서 가장 강력한 집단은 국가야. 국가는 자기 영
토 안에서 독점적인 행정력과 법 집행력을 가져. 또 군대와 경
찰을 동원해서 질서를 유지하지. 게다가 화폐 발행, 세금 징수
같은 독점적 경제권력도 쥐고 있어.

그런데 1990년대 초 냉전이 끝나고 세계화가 가속화되면
서 국가는 아니지만 정치, 경제, 사회적으로 큰 영향력을 지닌
조직들이 생겨났어. 대표적인 예가 글로벌 기업들이야. 아마존,
애플, 구글, 엑손모빌, 삼성전자, 현대자동차, 도요타 같은 회사
들이지. 이들은 세계의 무역, 생산, 고용, 공급, 소비, 투자 등에
절대적인 영향을 끼쳐. 그리고 막강한 힘을 바탕으로 정부에도

큰 영향력을 행사해. 기업의 힘이 강해지면서 민주주의가 왜곡되고 정부가 시장을 견제하는 힘을 잃어버린다는 비판이 나올 정도지.

기업 외에 정치, 사회적 문제 해결에 나서는 조직으로 비정부기구가 있어. 흔히 NGO(Non-Governmental Organization)로 불리지. 말 그대로 정부로부터 독립적으로 활동하는 시민 조직이야. 또 기업처럼 이윤을 위해 활동하는 것이 아니고 공익을 추구하지. 흔히 시민단체라고 불리는 단체들이 대부분 NGO라고 생각하면 돼.

NGO는 전 세계적으로 수백만 개가 있다고 알려져 있어. 대표적인 활동 분야는 국제구호, 환경, 인권, 교육, 복지 등이야. 세이브더칠드런, 옥스팜, 월드비전 등은 우리에게도 아주 익숙한 국제구호 NGO들이지. 옥스팜은 우리나라와도 인연이 깊어. 한국전쟁 때 구호물자를 제공했고 2005년에는 북한에도 식량을 지원했어. 월드비전은 한국전쟁 때 전쟁 난민과 아이들을 돕기 위해 설립되어 전 세계적인 구호단체로 성장했지. 환경 문제가 심각해지면서 그린피스 같은 환경 NGO도 영향력을 나날이 확대하고 있어.

국내에서도 많은 NGO들이 다양한 분야에서 활동하고 있어. '참여연대'는 정치 감시, 공익 소송, 인권보호 등에 힘쓰는 대표적인 시민단체야. 환경운동연합과 녹색연합은 우리나라의 대표적인 환경 NGO들이지. 그 밖에도 인권연대, 동물자유연대, 초록우산, 국경없는과학기술자회 등 많은 단체들이 시민들의 자발적 참여와 후원을 바탕으로 열심히 활동 중이야.

전 지구적인 문제를 해결하고자 할 때 가장 큰 자원과 힘을 가진 주체는 물론 국가지. 하지만 빈곤, 질병, 인권, 난민 같은 문제는 종종 국가 정책의 우선순위에서 밀려나곤 해. 의사결정과 행정 절차도 복잡하고, 다른 나라의 문제에 개입하는 것은 외교적으로 민감한 사안이 될 수 있어. 가령 중국 신장·위구르 자치구의 인권 문제를 외국 정부가 지적하기는 쉽지 않아. 하지만 NGO는 국가보다 더 자유롭게 목소리를 낼 수 있어. 국제엠네스티 같은 인권 NGO는 위구르의 인권 침해를 꾸준히 지적해왔어. 국경없는의사회는 국적이나 인종, 정치적 입장과 무관하게 지구촌 곳곳에서 의료봉사 활동을 하지.

NGO 활동의 대표적인 성공 사례로 ICBL(국제지뢰금지운동)을 들 수 있어. ICBL은 대인지뢰에 반대하는 수백 개 NGO들이 설립한 단체야. 전 세계적으로 대인지뢰의 생산과 사용을 중지시키고 이미 설치된 지뢰를 제거하는 것을 목표로 활동하지. ICBL의 주도로 1997년 캐나다 오타와에서 121개국이 대인지뢰금지협약에 서명했어.

NGO는 해당 분야에서 최고의 전문가 집단이라고 할 수 있어. 기아 지역에 식량을 공급하고, 교육시설을 짓고, 의료 지원을 하고, 군축과 반전운동을 하고, 난민을 보호하는 일은 전문적 지식과 경험 없이는 할 수 없는 일이지. 국제 분쟁이 끊이지 않고 기후위기가 심각해지면서 NGO의 역할이 필요한 곳은 계속 늘어나고 있는 추세야.

NGO의 활동은 단순히 구호를 외치고 캠페인을 하는 데 그치지 않아. 나라 안팎에서 새로운 여론을 형성하고 법과 제도, 정부 정책의 변화에도 큰 영향을 미치지. 이러한 영향력 때문에 NGO를 입법, 사법, 행정, 언론에 이은 '제5부'(제5의 권력)라 부르기도 해.

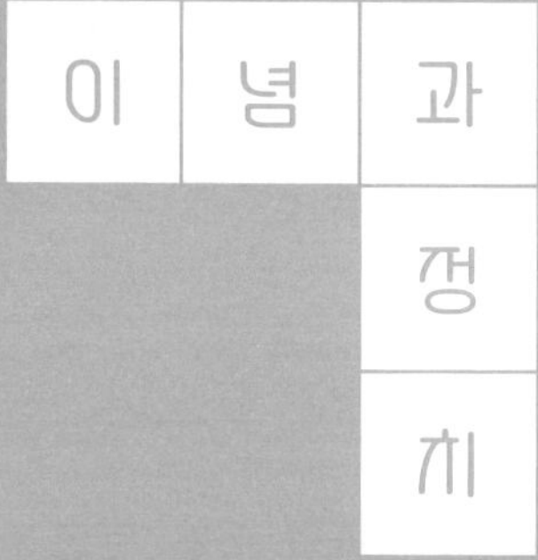

어휘력 플러스 ④　권위주의

이 데 올 로 기

개인 또는 집단의 사고와 행동을 규정하는 신념 체계로서 흔히 '이념'으로 번역된다. 모든 이데올로기는 인간을 위해 생겨났지만 과도한 집착은 오히려 인간을 옥죄는 굴레가 되기도 한다. 20세기에 자본주의와 공산주의라는 양대 이데올로기가 벌였던 치열한 냉전이 대표적인 사례다.

이데올로기(ideology)라는 말은 생각, 관념 등을 뜻하는 'idea' 와 학문, 이론을 뜻하는 접미사 '-logy'를 합친 말이야. 흔히 '이념'이라고 번역되지. 풀어서 말하면, 이데올로기는 우리가 사는 세상이 어떤 곳인지 또는 어떠해야 하는지를 설명하고 해석하는 거야.

우리 사회의 문제는 무엇이고 어떻게 해결할 수 있을까? 우리는 어떤 세상에 살고 싶은가? 그런 사회를 만들기 위해 무엇을 해야 할까? 이런 질문에 이데올로기는 정치와 경제가 나아가야 할 특정한 방향을 해답으로 제시해. 승자가 독차지하는 세계냐, 모두가 골고루 나누는 세계냐? 더 많은 부자냐, 탄탄한 복지냐? 환경이냐, 개발이냐? 등등.

20세기는 이념이 갈등하고 대립하는 시대였어. 미국 중심의 자본주의와 소련 중심의 공산주의가 치열한 체제 경쟁을 벌였지. 제2차 세계대전 때 힘을 모았던 미국과 소련이 전쟁이 끝나자마자 '냉전(cold war)'이라 불리는 새로운 전쟁을 벌이게 된 거야. 자본주의는 경제를 자유로운 시장과 경쟁에 맡겼어. 반면

이데올로기는 결코 고정불변의 진리가 아니며, 시대의 변화에 맞게 끊임없이 업그레이드되어야 한다.

공산주의는 국가의 통제 아래 인위적인 평등을 만들고자 했어. 양쪽 어디에도 속하지 않는 이른바 '비동맹 국가'들은 '제3세계(The Third World)'라고 불렸지.

이데올로기는 사람이 잘 살아갈 방법을 고민한 끝에 생각해 낸 대안이야. 하지만 냉전 시대에는 이데올로기에 사로잡힌 사람들이 이념의 잣대로 서로를 몰아세워 공격하고 학살했어. 대표적인 사례가 바로 1950년 6월에 북한의 공격으로 시작된 한국전쟁이었지. 젖먹이까지 집단 학살하고 복수에 복수가 꼬리를 무는 비극이 우리나라 곳곳에서 벌어졌어. 해방 후에 한반도를 분열시켰던 이데올로기가 끝내 동족 간의 전쟁으로 이어졌던 거야.

1991년 소련이 해체되면서 냉전은 끝났어. 소련과 동유럽의 공산주의 체제는 역사 속으로 사라졌고, 러시아와 중국은 자유시장경제를 채택했지. 그 무렵 후쿠야마라는 학자가 『역사의 종언』(1992)이라는 책을 펴냈어. 이 책에서 그는 이데올로기가 진화를 거듭하다가 이제 그 끝에 도달했고 서구식 민주주의가 인류의 마지막 체제라고 주장했어. 자본주의와 자유민주주의가 최종적으로 승리했다는 게 그의 결론이었지.

물론 반론도 만만치 않았어. 자본주의가 승리한 건 사실이지만 그것을 '역사의 종언'이라고 단정하기엔 이르다는 거였지. 앤서니 기든스는 『제3의 길』(1998)에서 좌우의 대립을 넘어선 새로운 대안을 제시했어. 그가 추구한 건 시장경제의 효율성과 사회주의적 복지의 조화였지. 쉽게 말해서, 두 이데올로기의 장점을 통합한다는 거야. 그의 주장은 큰 주목을 받았지만 한편으로는 서구의 신자유주의 체제를 정당화한다는 비판을 받기도 했어.

2008년 세계 금융위기는 자본주의 경제의 한계를 드러냈어. 거대한 초국적 금융자본이 경제를 지배하는 금융자본주의 체제에서 불평등은 더 확대되고 민주주의는 심각하게 훼손되었지. 자본주의의 근본적 결함에 대한 반성이 곳곳에서 터져 나왔어. 또 지역 분쟁, 에너지, 환경 등 기존의 이데올로기로는 풀 수 없는 문제들이 많이 생겨나기도 했지. 지금은 인류의 생존과 발전을 위한 새로운 대안들이 절실하게 필요한 시대야.

그러려면 무엇보다도 이데올로기에 대한 열린 태도가 필요해. 이데올로기는 결코 고정불변의 진리가 아니야. 시대의 요구에 맞춰 내용과 형태를 바꿔가면서 끊임없이 업그레이드되어야 해.

진보는 낡은 현실을 개혁하고 변화를 만들어내는 데 중점을 두고, 보수는 불확실한 변화보다 현재의 질서를 보존하고 지키는 일에 관심을 둔다. 진보와 보수(또는 좌파와 우파)는 선과 악, 또는 옳고 그름의 척도가 아니라 서로 경쟁하고 보완하며 함께 공동체를 이끌어가는 관계다.

정치 뉴스를 보면 진보와 보수가 의견 차이로 투닥거리는 기사가 많이 나오지. 진보(進步)는 변화를 추구하며 앞으로 나아간다는 뜻이고, 보수(保守)는 현재의 질서를 보존하고 지킨다는 뜻이야. 우리나라의 경우 여당인 더불어민주당이 진보, 제1야당인 국민의힘은 보수라고 생각하면 돼.

진보와 보수를 각각 좌파와 우파로 부르기도 해. 하지만 엄밀하게 말하면 진보와 좌파는 동일한 뜻이 아니야. '진보'는 상대적 개념이라서, 저쪽보다 더 많은 개혁과 변화를 추구하면 진보라고 할 수 있어. 하지만 '좌파'는 좀더 분명한 국제적 기준을 갖고 있는데 그건 다름 아닌 '사회주의'야. 노동과 분배, 세금, 사회보장 등의 영역에서 사회주의적 가치관에 기초한 정책을 추진할 때 그 정당을 ‘좌파 정당’이라고 불러. 프랑스 사회당, 독일 사민당, 영국 노동당 등이 여기에 해당하지(사회주의와 공산주의의 차이에 대해서는 잠시 후에 설명할 거야).

요약하자면, 모든 좌파 정당은 진보지만 모든 진보 정당이 좌파인 건 아니야. 가령 미국 민주당은 공화당보다 진보적이지만 좌파 정당으로 분류되지는 않아. 좌우 개념보다는 미국식 진보를 가리키는 ‘리버럴(liberal)’이라는 말이 널리 쓰이지. 우리나라의 더불어민주당 역시 보수야당에 비해 진보적이지만 좌파라고 보기는 어려워. 국제적 기준으로 따지면 중도 노선 중에서 좀더 개혁적인 ‘중도 좌파’ 정도일 거야. 반면 민주노동당, 정의당, 진보당 등은 분명한 좌파 정당이라고 할 수 있어.

진보와 좌파의 차이점에 대해서는 이 정도로만 알아두고, 다시 원래의 주제인 ‘진보와 보수’로 돌아가보자.

사람들은 나이가 들면 보수화된다고 흔히들 생각하지. 지역별로 보수나 진보 성향이 두드러진 곳들도 있어. 하지만 꼭 그런 것만은 아니야. 개인마다 차이가 크거든. 여기 최보수와 정진보 두 친구가 있어. 둘의 생각이 얼마나 다른지 살펴보자.

최보수는 변화보다는 현상을 유지하는 편을 택하고 도덕, 전통, 윤리, 질서를 중시해. 이와 대조적으로 정진보는 기존 질서와 전통의 문제점을 비판하고 개혁과 변화를 추구하지. 또 개인의 자유와 평등, 소수자의 권리 등을 중요하게 생각해.

프랑스에서는 결혼을 하지 않고 동거를 하다가 아기를 갖는 게 매우 흔한 일이야. 이에 대한 두 친구의 생각은 서로 다르지.

"결혼도 하지 않고 아기를 낳는 게 말이 돼? 사회 질서나 규범이 무너질 수 있잖아."

최보수의 말에 정진보는 이렇게 대구해.

"결혼을 하든 말든 개인의 선택이지. 결혼이라는 관습과 틀에 얽매일 필요는 없어."

둘은 사회적 문제에 대한 생각도 달라. 최보수가 단호하게 말하지.

"사형제는 범죄를 예방하기 위해 꼭 필요해. 지은 죗값을 받아야 사회 질서가 유지되니까."

정진보가 또 반론을 제기해.

"난 반대야. 국가라도 사람의 생명을 앗아갈 권리는 없어."

정치와 경제를 바라보는 방식에서도 둘은 큰 차이를 보여. 최보수는 이렇게 주장해.

"분배보다는 성장이 중요해. 기업 규제를 줄이고 세금을 내려야 투자가 일어나고 경제가 살아난다고."

정진보의 생각은 달라.

"사회적 불평등을 줄이는 게 중요해. 사회복지를 확대하고 노동자의 권리를 개선할 필요가 있어. 서민들의 삶이 나아져야 시장에 돈이 돌고 경제가 활력을 찾는 법이야."

두 친구의 이런 생각 차이는 보수와 진보의 정책 차이와 비슷해. 많은 나라에서 보수와 진보 정당이 번갈아가며 정권을 잡지. 그리고 색깔이 다른 정책을 펼치게 돼.

우리나라의 보수정당은 경제와 시장을 자율에 맡기는 것을 강조해. 기업과 부유층의 세금을 낮추고 규제를 푸는 정책을 추진하지. 반면에 진보정당은 경제적 평등, 인권, 노동권을 중요하게 생각해. 최저임금을 올리고 소득 불평등을 개선하는 정책에 관심이 많아.

미국에는 보수정당인 공화당과 진보정당인 민주당이 있어. 공화당은 전통적 가치, 도덕, 종교, 사회적 질서를 중시하지. 그래서 낙태나 동성 간의 결혼에 반대하는 입장을 보여. 민주당은 개인의 자유를 더 강조하고 낙태와 동성 결혼에도 호의적인 입장이야.

기후 문제를 놓고도 양쪽의 생각은 극과 극이야. 공화당은 기후위기론이 실제보다 과장되었고 심지어는 거짓이라고 생각해. 화석 에너지(석유, 석탄 등) 사용을 비판하는 환경보호 운동이 경제 발전에 방해가 된다고 생각하지. 반면에 민주당은 기후 변화를 심각한 위기로 보고 탄소 감축과 신재생에너지 정책을 적극적으로 추진하려 해.

이렇듯 보수와 진보는 서로 경쟁하면서 누가 더 유능한지 입증하려고 노력하지. 그러다가 선거에서 국민의 선택을 받으면 나라를 통치할 권력을 얻게 되는 거야. 그리고 다음번 선거에서 자기들의 정책에 대한 국민들의 평가를 받게 되는 거지.

보수와 진보 두 진영은 때로 지나치게 소모적인 대결을 할 때가 있어. 서로를 지구에서 지워버리기라도 할 듯 맹렬하게 공격하지. 그 영향으로 시민들까지 극단적인 편 가르기에 몰두하기도 해. 특히 우리나라는 뼈아픈 좌우 대립의 역사를 갖고 있어. 지금이야 보수와 진보가 말로만 싸우지만, 한국전쟁 전후의 혼란기에 좌파와 우파는 실제로 죽이고 죽는 관계였어. 네가 죽어야 내가 산다는 식이었지.

하지만 우리 시대의 보수와 진보는 절대적인 선과 악, 또는 옳고 그름의 척도가 아니야. 서로를 부정하고 파괴해야 하는 관계도 아니야. 한편으로는 서로 견제하고 긴장관계를 유지하지만 또 한편으로는 서로 모자란 점을 보완하는 관계지.

언론인이자 교수였던 고 리영희 선생은 "새는 좌우의 날개로 난다"는 명언을 남겼어. 보수와 진보 어느 한쪽의 힘만으로는 제대로 날 수 없어. 보수의 균형감과 안정감, 그리고 진보의 추동력(앞으로 나아가게 하는 힘)은 민주주의를 유지하고 나라를 발전시키는 데 꼭 필요한 두 개의 날개야.

이념 스펙트럼에서 오른쪽 끝에 위치한 극단적 우파 성향. 성차별, 인종주의, 국수주의 등을 공공연하게 내세우며, 정치적 목적을 위해서라면 쿠데타건 독재건 거리끼지 않는다. 최근 우리나라에서도 극우 집회(불법 계엄 옹호, 혐중 시위, 위안부 모욕 등)가 자주 열려 우려를 자아내고 있다.

앞에서 보수와 진보에 대해 얘기했지만, 개개인의 정치적 입장이 늘 그렇게 둘 중 하나로 분명하게 나뉘는 건 아니야. 경계가 뚜렷하지 않은 다양한 스펙트럼이 있어. 보수와 진보 어디에도 속하지 않는 사람도 있고, 중간 어디쯤에 걸쳐 있는 사람도 있지. 여기서는 정치적 성향을 4종류로 나누고, 닭갈비의 매운맛에 비유해볼게.

- 중도파 : 보통 맛
- 좌파·우파 : 보통 매운맛
- 중도 좌파·중도 우파 : 순한 매운맛
- 극좌파·극우파 : 몹시 매운맛(※주의: 캡사이신 첨가)

보수(우파)와 진보(좌파) 어느 쪽에도 속하지 않은 입장을 '중도'라 하고 거기에 속한 사람들을 '중도파'라고 해. 닭갈비로 치면 자극적이지 않은 '보통 맛'이야. 그런데 크게 봐서 중도에 속하긴 하지만 그 내부에도 성향의 차이가 존재해. 상대적으로 우파 입장에 가까우면 중도 우파, 좌파 입장에 가까우면 중도 좌파라고 불러.

극좌파는 '몹시 매운맛', 쉽게 말해서 극단으로 치우친 좌파야. 자본주의를 거부하고 계급 없는 사회를 꿈꾸지. 그들은 기존 국가 체제를 아예 인정하지 않아. 1960~70년대에 일본의 극좌파 세력은 비행기 납치나 테러로 악명을 떨치기도 했어. 하지만 지금은 대부분의 국가에서 극좌파가 자취를 감췄고, 남아 있는 조직들도 그저 이름만 유지하고 있는 정도야. 그들의 주장에 동의하고 지지해주는 사람들이 거의 없기 때문이지.

주목해야 할 것은 '몹시 매운맛' 극우야. 극우의 특징은 극단적인 보수주의와 성차별, 인종주의, 국수주의 등이지. 자기들의 정치적 목적을 위해서라면 독재든 쿠데타든 거리끼지 않아. 외국인 혐오나 인종 차별을 넘어 잔인한 학살도 서슴없이 저지르곤 하지. 유대인을 학살했던 히틀러의 나치즘, '대동아공영권'을 외쳤던 일본의 군국주의 등을 떠올리면 돼.

문제는, 한동안 '공공의 적'이었고 경멸의 대상이었던 극우파가 다시 세력을 키워가고 있다는 거야. 이탈리아, 헝가리, 오스트리아 등 유럽 여러 나라에서는 극우 정당이 정권을 차지하고 총리를 배출하기도 했지. 다른 나라들에서도 극우의 발언권이 갈수록 커지고 있어. 왜 21세기에 정치의 극우화가 전 세계적 현상이 되어버렸을까?

유럽에서 극우 정치가 성장한 배경에는 기존 정치에 대한

나치 문양이 새겨진 깃발을 들고
시위에 나선 유럽의 극우 세력

실망과 불신이 있어. "경제는 실패했고 일자리는 씨가 말랐다" "그런데도 이민자나 난민을 너무 많이 받고 우리 세금으로 지원한다" "이민자들 때문에 치안이 불안하다"는 등의 불만이 터져 나왔지. 극우 세력은 민족 우월주의로 무장하고 이민에 반대하는 정책으로 인기를 모았어. 유럽에는 반유대주의, 백인 우월주의는 물론이고 심지어 나치를 추종하는 극우세력까지 있을 정도야.

정책을 비판하고 대안을 요구하는 건 시민의 당연한 권리지. 문제는 극우파가 자신들의 정치적 세력을 강화하려고 특정 집단에 대한 증오와 혐오를 선동한다는 거야. 현실에 대한 사람들의 불만을 집중시킬 일종의 과녁, 또는 희생양을 만드는 거지. 유럽에서 극우의 대표적인 공격 대상은 난민과 무슬림이야. 모든 사회문제의 원인이 그들 때문인 것처럼 주장하고 있어.

유럽과 달리 우리나라 극우는 구시대적인 이념 성향이 강한 편이야. 우리나라에 북한을 추종하는 '종북 세력'이 많다면서 그들을 적대시하는 주장을 하지. 또 이승만, 박정희 대통령을 존경하며 그 업적을 높이 평가해. 군사독재를 긍정적으로 평가하는 반면 민주화 운동은 깎아내린다는 특징도 있어.

우리나라 극우의 특이한 점은 일제 식민통치가 우리나라를 발전시켰다는 '식민지 근대화론'을 지지한다는 거야. 심지어 위안부의 존재도 부정하지. 위안부는 강제로 끌려간 게 아니라 자발적으로 돈을 벌러 간 성매매 여성들이라는 망언으로 공분을 일으키기도 해. 극우의 대표적인 특징은 자민족 중심주의와 외국인 배척인데, 왜 일본 극우와 똑같은 주장을 하는지 모르겠어. 극우 단체 집회에서 성조기가 펄럭이는 것 역시 특이한 현상이지.

이전에는 극우라고 하면 대부분 연령이 높은 세대였지만 요즘은 20대와 청소년들도 많아. 그들의 핵심 키워드는 빨갱이, 좌파 척결, 중국 반대, 부정선거 등이야.

최근 명동과 홍대에서 중국인 관광객을 겨냥한 극우파의 '혐중 시위'가 늘어나고 있어. 한국이 좋아서 찾아온 중국인에게 꺼지라고 윽박지르는 것을 '표현의 자유'로 인정해줘야 할까? 당연히 아니지! 타인의 자유를 억압하고 위협하는 행동은 그냥 폭력일 뿐이야. 우리가 도쿄에 신나게 관광 갔는데 일본인들이 "바퀴벌레 한국인들을 죽여라"(혐한 시위대가 실제 썼던 말)라고 고래고래 외쳐도 표현의 자유니까 존중하자는 말이 나오겠어?

세상은 다채롭고 사람들의 의견도 다양해. 민주주의는 여러 가지 주장들을 최대한 허용하지. 극우파 역시 사상의 자유가 있고 자신이 믿는 바를 공개적으로 표현할 수 있어. 하지만 나의 자유는 타인의 자유를 침해하지 않는 한에서만 누릴 수 있다는 사실을 절대 잊으면 안 돼.

주권자인 국민이 스스로 권력을 행사하는 정치제도, 또는 그러한 제도를 지향하는 정치사상. 민주주의 국가는 공동체 구성원들이 합의한 질서(법치주의, 대의제, 삼권분립, 자유로운 선거 등)에 따라 운영되며, 정권의 유지 혹은 교체는 오직 국민의 선택에 의해서만 이루어진다.

민주주의는 공동체의 구성원들이 스스로 주인이 되어 통치하는 정치제도야. 영어 '데모크라시(democracy)'는 그리스어 '데모크라티아(demokratia)'에서 왔어. 어원으로 보면 민주주의는 'demos(민중)' 와 'kratia(힘, 통치, 지배)'를 합친 말로 '민중의 통치'라는 뜻이야.

민주주의는 우리 일상의 생각과 습관에 깊이 배인 사상이
야. 학교에서부터 우리는 민주적인 의사결정 방식에 익숙해. 그
내용을 대략 꼽아보면 이런 것들이지.

민주주의 정치의 특징에는 어떤 것이 있을까? 민주주의는
주권자인 국민에 의한 지배를 뜻한다고 했지. 따라서 국가는 주
권자들이 합의한 질서에 따라서 작동하게 돼. 그 질서에는 평등
한 선거, 인권 보호, 정치적 자유, 삼권분립 등이 포함되어 있어.

또한 민주주의는 다양한 의견을 가질 권리를 보장해. 생태
계가 건강하게 유지되려면 종의 다양성이 필요하듯, 각양각색
의 정치적 관점과 아이디어가 허용되어야 건강한 사회가 될 수
있어. 따라서 민주주의의 기본은 정치적 반대파를 인정하는 거
야. 민주주의 사회에서는 다당제가 보장되어 여러 개의 정당이
서로 경쟁하고 타협하며 서로 정권을 주고받지. 정권 교체 가능
성은 언제나 열려 있어.

고대 아테네에서는 수만 명이 광장에 모여 나라의 중요한

일들을 직접 결정했어. 이걸 '직접민주주의'라고 해. 이웃 국가와 전쟁을 할지, 외교정책은 어떻게 할지, 법을 어떻게 바꿀지, 잘못한 사람을 나라 밖으로 추방할지(도편추방제. 도자기 조각에 추방할 사람의 이름을 적어 내는 것) 등을 결정했지. 또 공직을 맡을 사람을 제비뽑기로 선택했어. 주권이 국민에게 있고, 국민이 지도자를 뽑고, 권력을 자유롭게 비판할 수 있고, 기본권을 누리며, 우리의 일을 우리가 결정하는 민주주의. 그리스인들의 이 놀라운 발명은 인류 역사의 손꼽히는 히트작이었지.

특히 20세기에 이르러 민주주의는 전 세계에 퍼져나갔어. 1970년대에 그리스, 포르투갈, 스페인의 독재정권이 민주주의 정권으로 바뀌었고 1980년대에는 아르헨티나, 칠레 등의 군부정권이 무너지고 민주주의 정부가 세워졌어. 우리나라는 민주주의 헌법으로 세워진 나라였지만 수십 년 동안 군부독재를 겪었지. 그러다 1987년 민주항쟁을 거쳐 개헌을 하고 본격적인 민주화를 이루었어.

1989~1990년에는 체코, 헝가리, 폴란드 등 동유럽 공산국가들이 민주주의로 돌아섰어. 1991년에는 미국과 체제 경쟁을 벌이던 소련(소비에트 연방)이 공식적으로 해체되었고, 15개의 신생 독립국 중 상당수가 오랜 독재를 청산하고 민주주의 체제를 받아들였지. 오늘날 민주주의는 지구상의 보편적인 정치체제가 되었어.

민주주의의 확산은 단지 그것이 도덕적으로 옳기 때문일까? 그렇지 않아. 먹고 사는 문제를 해결하는 데 민주주의가 독재보다 더 효과적이라는 주장이 있어. 아마티아 센이라는 인도 경제학자는 "민주주의 국가에서는 대(大)기근이 일어나지 않는다"고 주장했어. 민주적 선거로 선출되는 지도자는 국민의 여론에 관심을 기울이기 때문에, 기근(식량 부족으로 인한 굶주림) 같은 문제를 더 효과적으로 해결할 수 있다는 거지.

민주주의가 위협받는 상황을 생각해보자. 독재 정부가 들어섰다거나 군사 쿠데타가 일어난 상황 말이야. 그러면 곧바로 국가 신용도가 떨어져서 외국 투자자들이 빠져나가고, 주식 가격도 폭락해서 경제에 심각한 타격이 와. 민주주의를 지키지 못하는 나라에 누가 소중한 돈을 투자하겠어? 정치가 흔들리는 나라는 경제도 흔들릴 수밖에 없는 게 오늘날의 현실이야.

삶의 질을 높이는 데도 민주주의가 절대적이지. 사람들은 자유로운 환경에 놓였을 때 비로소 창의성을 발휘해 사업을 일으키고 높은 수준의 문화를 이루어내거든. 이런저런 조사나 통계를 살펴보면, 살기 좋다고 꼽히는 나라들과 민주주의 평가 지수가 높은 나라들은 대부분 일치하는 것을 볼 수 있어.

스웨덴의 '민주주의 다양성 연구소'는 매년 전 세계 국가들의 민주주의 지수를 발표해. 우리나라는 2023년에 28위였는데 2024년에 47위로 곤두박질쳤고, '민주주의에서 독재로 전환

중’ ‘언론자유 후퇴’라는 치욕스러운 평가를 받았어. 정부의 언론자유 침해, 성평등 공격, 특히 12.3 불법계엄이 대한민국의 민주주의 등급을 순식간에 끌어내린 거야. 하지만 이후 계엄 해제와 대통령 탄핵을 이끌어냈고 빠른 속도로 민주주의가 제자리를 되찾아서, 2025년에는 다시 22위로 상승했지.

앞서 말했듯 우리나라는 1987년을 기점으로 민주주의가 성숙해졌어. 국민이 뽑은 민주적 정부들이 들어서고 여야가 정권을 번갈아 맡으면서, 민주주의 제도와 절차는 튼튼하게 뿌리를 내렸지. 하지만 우리의 민주주의는 아직 완성된 형태가 아니야. 여전히 고치고 개선할 내용이 많지. 12.3 불법계엄은 수십 년간 다져온 민주주의가 하루아침에 위협받을 수 있고 무너질 수도 있다는 것을 생생하게 보여준 사건이었어.

민주주의를 소프트웨어에 비유해볼까? 소프트웨어는 한 번 개발이 된 것으로 끝이 아니야. 운영 과정에서 버그를 없애고 수정하고 새로운 기능을 추가해야 돼. 그래서 2.0, 3.0, 4.0 같은 업그레이드 버전이 계속 나오지. 민주주의도 마찬가지야. 끊임없이 개선해가면서 새로운 ‘상위 버전’을 만들어야 해. 앞으로 대한민국의 민주주의에는 권력의 분산과 통제, 경제민주화, 불평등과 양극화 해소, 복지 확대, 인권 개선 같은 업그레이드가 계속 필요할 거야.

한 사람 또는 특정 집단이 권력을 배타적으로 행사하는 것. 공동체 구성원들을 배제한 독점적 권력이라는 점에서 민주주의의 반대말에 해당한다. 법치주의, 삼권분립, 대의제 같은 민주주의의 기본 원리는 무시되며, 권력 유지를 위한 일당독재, 인권탄압, 장기집권 등이 필연적으로 뒤따르게 된다.

독재는 한 사람 또는 소수의 사람들에게 권력이 집중되어 있는 상태를 말해. 공동체의 구성원들이 주인이 되어 함께 다스리는 민주주의의 반대말이 바로 독재라고 할 수 있지.

우리 일상에서도 남의 의견을 묵살하고 무엇이든 자기 뜻대로만 하려는 사람을 가리켜 독재자 같다고 말하곤 해. 사실 누군가를 독재자라고 부르는 건 굉장히 심한 욕이야. 심지어 진짜 독재자도 자기더러 독재자라고 하면 발끈하고 불쾌해할 정도니까. 역사상 스스로를 독재자라고 인정한 독재자는 단 한 명도 없어.

독재는 온갖 불쾌한 것들을 떠올리게 하는 단어야. 장기집권, 인권 탄압, 비밀경찰, 고문, 불법감금, 학살, 폭정 등등. 시궁창에 아름다움이 깃들 수 없듯이, 무엇 하나 아름다운 구석을 찾아볼 수 없는 더럽고 잔인한 체제가 바로 독재야.

독재의 특징은 자의성, 즉 '자기 멋대로'라는 점이야. 독재자는 법의 통제 바깥에 존재해. 옳고 그름, 합법과 불법의 기준이 오직 자신의 판단에 달려 있지. 권력에 방해가 된다면 국회도 해산하고, 경쟁자도 제거하고, 야당 의원이나 언론인도 멋대로 체포해버려. 반대 의견에 대해 대화와 설득을 시도하기보다는 군대를 동원해서 입을 막아버리는 쪽을 선택해.

독재 체제에서는 반대하거나 비판할 자유가 허락되지 않아. 정부를 비판하면 체포와 처벌을 당하게 돼. 영화 〈타인의 삶〉에는 남의 집 부부의 대화와 전화 통화를 하루 종일 도청하는 비밀경찰이 나와. 이러한 감시와 도청은 냉전 시대에 동독에서 실제로 있었던 일이야. 9만 명의 '슈타지(비밀경찰)'와 17만 명의 정보원이 개인들의 일상을 샅샅이 감시했어.

독재에 반대하거나 저항하는 사람은 강제 수용소에 끌려가거나 고문을 받거나 살해를 당해. 1970~80년대에 칠레의 독재자 피노체트는 3천 명이 넘는 사람을 정치적 이유로 살해했어. 우간다의 독재자 이디 아민은 '검은 히틀러'라는 별명답게 잔혹하기로 악명이 높았어. 집권기간 8년 동안 무려 30만 명 이상의 국민들을 살해한 것으로 알려져 있지. 우리나라에서도 박정희, 전두환 독재 시절에 수많은 사람들이 끌려갔고 그중 상당수는 행방불명되거나 목숨을 잃었어. 김대중 정부 때는 과거 공권력에 의해 의문의 죽음을 당한 사람들을 위한 '의문사 진상규명위원회'가 구성되기도 했지.

독재 치하에서는 선거에 의한 정권 교체도 없어. 독재자들은 온갖 방법을 동원해 종신집권을 시도하지. 적도기니의 오비앙 응게마는 45년 동안 대통령 자리에 있었고, 52년간 쿠바를 통치한 피델 카스트로는 '최장기 독재자'로 기네스북에 이름을 올렸어. 시리아에서는 알 아사드 부자가 대를 이어 54년을 통치했어. 북한에서는 김일성, 김정일, 김정은까지 3대째 세습 독재를 이어가고 있는데, 2대 세습은 더러 있었지만 3대는 왕정이 아닌 현대 국가에서는 세계 최초야.

세계신기록이나 기네스북 급에는 못 미치지만 우리나라에도 여러 명의 독재자들이 있었어. 이승만과 박정희는 무력을 동원해 민주주의를 억눌렀고, 여러 차례 헌법을 바꿔가며 권력을 연장하고 종신집권을 시도했지. 전두환은 광주 시민들을 학살하고, 언론 자유를 말살하고, 고문과 불법 감금으로 시민들의 민주화 요구를 억누르는 등 독재 정치를 일삼았어. 결국 이승만은 4.19 혁명에 의해 쫓겨났고, 박정희는 부마항쟁의 여파 속에서 10.26으로 목숨을 잃었고, 전두환은 6월항쟁에 떠밀려 직선제 개헌을 수용할 수밖에 없었지.

경제 개발에는 독재가 더 효과적이라며 독재를 정당화하고 합리화하는 주장도 있어. 가난한 나라가 비효율적이고 느린 민주적 의사결정으로 과연 경제성장을 이룰 수 있겠느냐는 거야. 차라리 독재자가 모든 권력을 장악하고 신속하게 개발정책을 추진하는 게 훨씬 낫다는 거지. 그런 체제를 흔히 '개발독재'라 불러. 대표적 사례로 꼽히는 인물이 바로 싱가포르의 리콴유 총리와 우리나라의 박정희 대통령이야.

박정희 대통령의 공과 과에 대한 평가는 학자들 사이에서 여전히 논쟁 중이야. 그가 추진했던 공업화와 수출 중심의 경제 개발은 '한강의 기적'을 만들어내며 우리나라 경제성장의 토대를 닦았지. 하지만 그것이 국민들의 자유와 인권을 억압한 독재 체제를 정당화하는 근거가 될 수는 없어. 그런 논리라면 지금 이 순간에도 힘겹게 민주주의를 지켜가고 있는 많은 나라들이 독재의 수렁에 빠져들고 말 거야. 민주주의는 상황에 따라 포기하거나 유예할 수 있는 '선택 사양'이 결코 아니라는 걸 꼭 기억해주면 좋겠어.

개인은 오직 국가를 위해서만 존재하며 언제든 국가의 목적 달성을 위한 도구로 사용될 수 있다는 사상 체계. 스탈린의 소련과 히틀러의 독일은 이념적으로는 달랐지만(공산주의 vs 반공주의) 전체주의라는 점에서 동일하다.

전체주의는 국가가 개인보다 더 중요하고, 개인은 오직 국가를 위해서만 존재하며, 언제든 국가의 도구로 사용될 수 있다는 사상이야. 영어로 전체주의를 뜻하는 'totalitarianism'은

'전체'를 뜻하는 'total'에서 나온 말이야. 국가권력이 사회 '전체'를 장악하고 통제한다는 뜻이야. 개인의 자유와 권리는 억압되고 국가만이 최상의 가치를 갖게 되는 거지.

2차 세계대전을 경험한 독일의 철학자 한나 아렌트는 소련과 나치 독일을 분석한 『전체주의의 기원』이라는 책을 썼어. 스탈린의 소련은 공산주의 체제였고 나치 독일은 반공주의였지만 전체주의 사회라는 점에서는 똑같았지. 영국 작가 조지 오웰은 『1984』를 통해 스탈린이 통치하는 전체주의 사회를 끔찍한 디스토피아로 묘사했어.

1984년은 조지 오웰에겐 먼 미래였고 우리에겐 아득한 과거야. 그동안 여러 전체주의 사회가 등장하고 사라지기를 반복했는데, 알고 보면 서로 닮은 점이 많아.

전체주의는 독재의 일종이지만 일반적인 독재와는 조금 다른 특징이 있어. 가장 큰 특징은 개인의 사적인 삶까지 구석구석 통제한다는 거야. 마오쩌둥 시대의 중국이나 폴 포트의 캄보디아처럼 집단생활을 강요하기도 하지. 사람들은 집단생활을 하면서 국가의 명령에 따라 생산 할당량을 채우는 수단으로 전락해. 국가가 하나의 거대한 기계라면 개인은 나사와 볼트 같은 소모품인 거야. 또한 전체주의는 개인의 마음과 사상까지도 억압하고 통제하는 체제야. 언론의 자유, 사상과 표현의 자유는 꿈도 꾸지 말아야 해.

권위주의

권위주의란 특정 인물이나 조직의 권위를 앞세우면서 이에 대한 의심, 반대, 저항을 허용하지 않는 강압적인 태도를 말해.

권위라는 말 자체는 나쁜 뜻이 아니야. 누군가를 지휘하거나 통솔하여 따르도록 하는 힘, 또는 영향력을 뜻하지. 하지만 정치에서 권위주의는 부정적인 의미가 강해. 권위주의 사회에서는 지도자 한 사람이나 소수 집단에게 권력이 집중되어 있어. 그래서 흔히 '권위주의 독재'라는 표현을 쓰기도 해. 우리나라에서는 박정희, 전두환 대통령 시대인 1960~1980년대가 여기에 해당하지.

당시 우리나라엔 야간 통행금지 제도가 있었어. 밤 12시부터 새벽 4시 사이에 집 밖에 있다가 걸리면 경찰서로 끌려갔지. 1970년대엔 남자들이 머리가 길면 경찰관에게 강제로 잘렸고, 여자들의 치마 길이를 경찰관이 자로 재가며 단속했고, 대중가요 가사가 세상에 비판적이거나 분위기가 좀 우울하면 죄다 금지곡으로 묶어버리곤 했어. 대학생들은 금지된 책을 읽었다는 이유로 수사 기관에 체포되었고, 반정부 시위를 하다가 구타와 고문을 당하기도 했어.

다행히 지금은 그런 권위주의 시대를 벗어나 야간 외출의 자유, 두발과 치마 길이의 자유, 독서의 자유, 집회 및 시위의 자유를 맘껏 누리고 있지.

아돌프 히틀러가 이끌었던 나치 독일은 스탈린의 소련과 함께 인류 역사에서 전체주의의 대명사로 일컬어진다.

전체주의를 지탱하는 건 '공포 정치'야. 인간에게 자유는 공기처럼 필수적인 것이고, 누구나 행복한 삶을 추구하지. 이러한 인간의 본성을 억압하려면 공포가 필요해. 전체주의의 통치 수단에는 비밀 경찰, 강제 수용소, 처형장 같은 폭력 장치들이 가득하지. 그중에서도 스탈린 시대의 정치범 수용소 '굴라크'와 나치 독일의 강제 수용소는 특히 악명이 높아. 다른 나라에서는 오래전의 '흑역사'일 뿐이지만, 북한 함경도에선 지금도 '북한판 아우슈비츠'라고 불리는 정치범 수용소들이 운영되고 있어.

전체주의의 어두운 역사가 우리에게 던지는 질문은 이거야. 개인이 국가를 위해 존재할까, 아니면 국가가 개인을 위해 존재할까? 루소의 『사회계약론』에 따르면 국가의 기원은 공동체 구성원들 사이의 약속이야. 국가와 전체주의 지도자를 떠받들기 위해서가 아니라, 공동체 모든 구성원들이 안전하고 행복하게 잘 살기 위해서 국가를 창설한 거야. 국가가 없는 개인은 있지만 개인이 없는 국가는 없어.

지금 우리는 개인의 권리, 목표, 가치가 중요한 시대를 살고 있어. 우리 모두는 저마다 존엄하고 소중한 한 사람이야. 국가의 목적을 이루는 수단으로 존재하는 게 절대 아니라는 얘기야. 반대로, 개인들이 각자의 꿈과 뜻을 펼치고 행복한 삶을 살도록 해주기 위해 국가가 존재하는 거야.

사회주의, 공산주의

공산주의가 공동생산, 공동소유를 통해 완전한 평등을 실현하고자 했다면, 사회주의는 그런 식의 강제적 평등 대신 폭넓은 사회복지 정책으로 효율적인 재분배를 추구한다는 점에서 차이가 있다. 공산주의는 소련 해체와 함께 막을 내렸지만 사회주의는 21세기에도 다양한 형태로 시도되고 있으며, 유럽에선 종종 사회주의 계열의 정당이 집권당이 되기도 한다.

"사회주의나 공산주의나 그게 그거 아닌가요?"라고 말하는 사람이 있다면 우리는 이렇게 되물어야 돼. "그렇다면 스웨덴과 북한이 그게 그거란 말인가요?"

물론 사회주의와 공산주의는 비슷한 생각의 뿌리에서 나왔고 공통점도 많기 때문에 그냥 섞어서 말할 때가 많아. 하지만 꼼꼼히 따져보면 아주 분명한 차이가 있지. 공산주의는 이미 실패해서 거의 소멸되다시피 했지만 사회주의는 그렇지 않거든. 그렇다고 극소수가 신봉하는 낡은 이념인 것도 아니야. 서유럽과 북유럽에서는 사회주의를 내세우는 정당들이 종종 집권당이 되기도 하니까. 또 자본주의 시장경제에서도 사회보장, 복지 정책, 공공서비스 등 사회주의적 요소를 많이 채택하고 있어.

두 이념은 대체 뭐가 같고 뭐가 다른 걸까? 사회주의와 공산주의가 공통으로 던지는 핵심 질문은 이거야.

"심각한 경제적 불평등을 어떻게 해소할 것인가?"

19세기에 마르크스를 비롯한 사상가들은 이렇게 분석했어. "자본가가 토지, 자본, 공장 같은 생산수단을 독점하고 노동자들은 그런 수단에서 소외되어 빈부 격차가 생겼다."

그래서 그 해결책으로, 생산수단을 개인이 아닌 공공의 것으로 만들어 경제적 격차를 줄이고 평등한 사회를 만들자는 생각이 등장했지. 하지만 사회주의와 공산주의가 같은 문제의식에서 출발했더라도, 추구하는 목표와 이를 실현하는 방식에는 큰 차이가 있어.

공산주의는 매우 극단적으로 '완전한 평등'을 실현하려는 이념이야. '공산(共産)'은 '공동으로 생산하고 함께 소유한다'는 뜻이지. 국가가 모든 생산수단을 소유하고, 생산 품목과 수량을 결정하며, 공급과 분배까지 통제해. 개인들의 사유재산권은 크게 제한되어 있어. 옛 소련 사회를 예로 들면, 정부가 일자리를 정해주고 집도 공급해주지. 품질이 형편없고 기다리는 줄도 엄청나게 길었지만, 아무튼 식량과 생필품을 배급을 통해 제공했어. 대중교통도 다 무상으로 운영되었지.

공산주의는 경제적 시스템이면서 정치체제 그 자체이기도 해. 러시아 혁명, 중국 혁명, 쿠바 혁명처럼 폭력적인 혁명을 통해 급격한 사회적 변동을 일으켰지. '인민의 해방과 평등한 사회'를 내세웠지만 실제 펼쳐진 공산주의는 억압적인 체제였어. 스탈린(소련), 김일성(북한), 폴 포트(캄보디아)와 같이 인류 역사에 악명 높은 다수의 독재자들이 공산주의 사회에서 나왔지. 공산주의 국가는 공산당 1당 독재체제야. 공산당에 맞서는 정당은 아예 허용되지 않아.

1991년 소련이 무너진 뒤로 대부분의 공산주의 체제는 세계에서 사라졌어. 아직까지 지구상에 남아 있는 공산당 1당 독재 국가로는 중국, 베트남, 북한, 라오스, 쿠바 등이 있지. 그중에서 북한을 제외한 나머지 국가들은 사유재산과 자유시장을 인정하는 자본주의 경제로 전환했어. 공산주의 계획경제로 오랫동안 가난을 겪다가 더 이상 버티지 못하고 개혁·개방을 통해 자본주의 시장경제를 도입한 거야. 중국, 베트남은 정치적으로는 여전히 공산당 1당 독재이지만 경제만큼은 자본주의 시장경제를 운영하며 경제성장을 이루고 있어. 오직 북한만이 개방을 거부하고 폐쇄적인 공산주의 경제를 고수하고 있는 중이야.

사회주의 역시 분배의 정의와 평등을 중요하게 여기지만 유럽의 사회주의는 공산주의(소련식 사회주의)처럼 강제적, 인위적인 평등을 추구하지는 않아. 사회주의 정당이 집권을 하더라도 그 나라의 기업과 개인은 자본주의와 마찬가지로 소유권과 자유로운 시장경제 활동을 보장받는다는 뜻이야. 대신 국가가 높은 세금을 걷어서 질 높은 공공서비스와 사회보장 제도를 운영해. 개인의 노력에 따른 성과와 보상의 차이는 인정하지만, 국가가 세금과 사회복지 정책을 통해 부의 재분배를 추구하고 불평등을 최대한 줄이려 하지.

사회주의는 정치보다는 주로 경제 운영방식에 관한 개념이야. 그러므로 똑같은 사회주의라도 다양한 정치체제가 존재할 수 있어. 사회주의 경제를 채택한 자유민주주의 국가도 있고, 사회주의이긴 하지만 민주적 요소가 결핍된 권위주의 독재국가도 있지.

서유럽과 북유럽에서 볼 수 있는 사회주의를 흔히 '사회민주주의(사민주의)'라고 부르는데, 자본주의 시장경제를 기반으로 하면서 사회주의적 복지를 제공하는 국가들을 말해. 시민들에게 탄탄한 사회보장을 제공해서 사회주의적 가치를 실현하고, 이와 동시에 시민의 자유와 민주적인 정치체제도 완전히 보장하는 사회지.

유럽에서는 사회민주주의 정당이 큰 세력과 영향력을 지니고 있어. 정당 이름은 사민당, 사회당, 노동당 등으로 다양하지만 추구하는 목표는 같아. 독일·스웨덴·핀란드의 사민당, 영국의 노동당, 프랑스의 사회당 등은 보수정당과 경쟁하면서 때로는 집권당으로서, 때로는 제1야당으로서 국가 운영을 주도하고 있지.

자유주의와 민주주의가 합쳐진 말. 우리나라에서는 오래전부터 사용해온 익숙한 표현이지만, 어차피 민주주의라는 말 속에 자유가 핵심 요소로 내포되어 있으므로 동어반복이라는 지적도 있다.

자유민주주의는 말 그대로 자유주의와 민주주의가 결합된 체제를 말해. 정치적으로는 대의민주주의고, 경제적으로는 자유시장 제도를 채택하여 개인과 기업의 경제적 자유를 최대한 보장하고 있지.

우리나라는 헌법에 명시되어 있진 않지만 자유민주주의를 추구하고 있어. 여기서 이런 의문이 들지. 그냥 민주주의가 아니고 왜 자유민주주의일까? 얼마 전에 이 용어에 대한 논쟁이 있었어. 국사 교과서에서 우리나라의 체제를 설명할 때 민주주의와 자유민주주의 중 어떤 용어를 사용하는 게 더 정확한지에 대해 커다란 입장 차이가 있었지.

우선 자유민주주의를 쓰자는 입장. '자유민주주의'에서 '자유'를 빼면 전혀 다른 민주주의를 의미할 수도 있다는 거야. 스스로 '인민민주주의'라고 주장하는 북한을 예로 들 수 있어. 형식적으로는 선거 제도나 삼권분립의 꼴을 비슷하게 갖추고 있지만, 북한을 민주주의로 인정하는 사람은 거의 없지. 1당 독재, 3대 세습정치, 자유와 인권 탄압, 강제 수용소, 감시와 처형이 있는 나라를 민주주의 국가로 볼 수는 없으니까.

사실 민주주의란 말 속에는 이미 자유가 기본적으로 장착되어 있어. 자유가 없다면 민주주의 자체가 성립되지 않거든. 어느 된장 회사가 상품명을 '콩으로 만든 된장'으로 정했다고 치자. 그런 이름을 안 붙이면 소비자들이 속된 말로 "똥인지 된장인지" 구분을 못 할까? 애당초 콩을 원료로 쓰지 않은 된장은 가짜 된장이야. 그러니까 굳이 콩으로 만들었다는 걸 강조할 필요는 없어. 마찬가지로 자유와 인권 같은 핵심 가치가 빠진 것을 민주주의라고 할 수는 없어.

그렇다면 왜 민주주의 앞에 일종의 동어반복인 '자유'를 붙이려는 것일까? 일단 민주주의의 여러 요소들 중에서 개인의 자유와 자유시장경제를 한번 더 강조하는 의미가 있지. 자본주의와 공산주의가 체제 경쟁을 벌이던 시대에 '자유'는 자본주의의 우위를 드러내는 단어이기도 했어. 그런 이유 때문에 반공을 강조하던 군사독재 시대에는 자유민주주의라는 말이 많이 사용되었고, 유신헌법에도 이 표현이 등장해.

다음으로, 우리나라 체제를 그냥 민주주의라고 쓰자는 입장. 이 주장에 따르면 '민주주의'가 더 보편적이고 학술적으로도 명확해. 미국은 어떤 국가보다도 자유민주주의 성격이 강한 나라지만 그냥 민주주의라고 하지 자유민주주의라고 하지는 않아. 프랑스나 독일, 영국 등에서도 민주주의라고 하면 다들 우리가 아는 보편적인 민주주의로 이해해. 굳이 다른 수식어가 필요하지 않아.

민주주의는 자유민주주의보다 더 상위의 개념이야. '고기뷔페'는 고기 위주의 메뉴로 특화된 뷔페지만, 그냥 '뷔페'는 고기를 포함한 모든 메뉴들을 포함하는 개념이지. 마찬가지로 '자유민주주의'는 자유주의 원칙에 기반한 민주주의를 의미하지만, '민주주의'는 자유주의뿐 아니라 다른 요소들까지도 폭넓게 담고 있어. 그러니까 민주주의라는 말 자체로 충분하다는 거야.

앞에서 잠시 살펴봤던 것처럼 스웨덴, 덴마크, 핀란드 같은 북유럽 국가들에서 사회민주주의는 강력한 정치적 영향력을 갖고 있어. 사회민주주의는 자유시장경제를 기본으로 하되 부의 재분배나 복지국가 같은 사회주의적 요소를 더한 거야. 국가의 적극적인 개입으로 사회복지를 보장하고 소득 불평등을 줄여나가지. 대신에 세금이 아주 높아. 미국, 영국의 조세 부담율이 20~30%인 반면, 사회민주주의를 추구하는 북유럽 국가들의 조세 부담율은 40~50% 정도야.

사실 우리나라나 미국처럼 자유민주주의를 핵심 가치로 내세우는 나라라고 해서 사회주의적 요소가 전혀 없는 건 아니야. 사회복지, 공공서비스, 국가의 경제 규제 등 여러 영역에서 사회민주주의 방식들을 채택하고 있어. 우리나라 헌법은 자유로운 시장경제를 보장하지만 동시에 시민들의 사회권, 인권, 사회보장 같은 정부의 역할도 강조하고 있거든.

이처럼 민주주의는 정치적·경제적 자유는 물론이고 사회적 연대와 공동체의 가치 등 다양한 면을 동시에 아우르는 체제야. 자유민주주의와 사회민주주의, 그 밖의 다양한 가치들을 넉넉하게 담아내는 크고 유연한 그릇으로서의 민주주의. 그 앞에 굳이 어떤 단어를 붙일 필요는 없을 것 같아. 자칫 그 단어가 우리나라 민주주의의 의미와 가능성을 제한할 수도 있으니까 말이야.

자유주의, 신자유주의

자유주의는 개인의 자유를 보장하기 위해 국가권력을 최소한으로 제한해야 한다는 정치사상이다. 이를 바탕으로 18세기에 애덤 스미스가 '보이지 않는 손'을 강조한 자유주의 경제이론을 정립했다. 신자유주의는 20세기 중반에 다시 등장한 자유주의 흐름이며 정부의 규제 완화, 세금 축소, 사회복지 축소, 국유산업 민영화 등을 주요 내용으로 하고 있다.

자유주의(liberalism)는 개인의 자유를 최우선 가치로 삼고 정치권력의 개입은 최소화한다는 사상이야. 자유주의는 시대에 따라 다르게 발전해왔어. 자유주의의 '원조'라 할 수 있는 17세기 고전적 자유주의와, 20세기 후반에 등장해서 지금까지 우리 시대를 특징짓고 있는 신자유주의에 대해 시대 순으로 간단히 알아보자.

고전적 자유주의

고전적 자유주의를 처음 주장한 사람은 영국 철학자 존 로크야. 또 로크냐고? 정치사상에서 그만큼 핵심적인 인물이거든. 그가 살던 17세기는 절대왕정 시대였고 왕-귀족-평민 같은 엄격한 계급 질서가 존재하던 시대였어. 개인의 자유가 당연하게 여겨지지 않던 시절이었지. 그때 로크가 나타나서 모든 인간은 태어날 때부터 자유롭고 평등하며 사유재산을 가질 자유, 경제 활동의 자유, 자기 뜻대로 선택하고 행동할 자유를 지니고 있다고 주장했어.

로크에 따르면 국가는 하늘에서 내린 것이 아니야. 자유롭고 평등한 개인들이 계약을 맺어 인위적으로 만들어낸 것이 바로 국가야. 개인의 자유를 보장하기 위해 국가권력은 최소한으로 제한될 필요가 있고, 정부는 개인에게 모든 것을 맡기고 간섭하지 않는 '작은 정부'여야만 해.

자유주의 경제의 이론을 정립한 사람이 바로 18세기 영국 사상가 애덤 스미스야. 시장과 경제는 '보이지 않는 손'이 움직이는 것처럼 스스로 조절하고 알아서 잘 굴러가니 정부가 간섭하지 말아야 한다며 '자유방임'을 주장했지.

그런데 산업혁명 이후 자본주의가 급속하게 성장하는 과정에서 문제가 생겼어. 자본가들이 법과 정치 질서를 자기 이익 추구에 유리하게 만든 거야. 경제적 불평등은 더 심해졌고, 자본주의의 노동력 착취가 심각한 사회적 문제로 떠올랐어.

공산주의, 사회주의

자본주의의 사상적 토대였던 자유주의의 문제점과 모순이 드러나자 공산주의와 사회주의가 대안으로 등장했어. 독일 사상가 칼 마르크스는 경제적 불평등, 소외, 빈곤 같은 사회문제에 주목했지.

마르크스의 『공산당 선언』(1848)에 따르면 사회는 대립하는 두 개의 계급으로 이루어져 있어. 생산수단을 갖고 있는 부르주아(자본가 계급), 그리고 노동력을 팔아서 살아가는 프롤레타리아(노동자 계급). 자본가는 노동자의 노동력을 헐값에 구매하여 상품을 생산하고, 그 과정에서 만들어지는 잉여가치로 막대한 부를 축적하지. 그는 프롤레타리아가 생산수단을 독점한 자본가 계급을 혁명으로 무너뜨리고 자본주의 생산양식을 폐지해서 평등한 사회를 만들어야 한다고 주장했어.

사상과 이론에 머물던 공산주의는 러시아 혁명(1917)을 통해 최초의 공산주의 국가 소련이 세워지면서 현실 정치로 나타났어. 소련 정부는 국가가 시장을 통제하는 계획경제를 통해 불평등과 빈곤 문제를 해결하려 했지. 하지만 소련을 비롯한 동유럽 공산주의 국가들의 경제발전 속도는 더뎠고, 국민들의 생활도 낮은 수준에 머물렀어.

복지국가

자유주의 시장경제는 공산주의 국가를 압도하는 효율과 속도로 빠른 경제발전을 이루어냈어. 하지만 이내 불평등과 빈곤 문제라는 한계에 직면했지. 이 문제를 해결하기 위해 자유주의에 사회주의적 요소를 첨가하기 시작했어. 큰 틀에서는 자유주의 시장경제를 그대로 유지하되, 사회보장과 복지제도 같은 사회주의적 요소들을 도입한 거야. 과연 경제적 불평등과 빈곤 해소에 큰 효과가 있었어. 그렇게 해서 현대 복지국가의 기본 모델이 만들어졌지.

신자유주의

1970년대에 접어들면서 복지국가 모델에 위기가 찾아왔어. 복지에 의존하는 인구가 점점 늘어났고, 사회복지를 유지하기 위한 국가의 재정 부담이 너무 커진 거야. 공공재 생산과 공공 서비스를 맡고 있던 국영기업들은 비효율적인 경영으로 허덕 거렸어.

그러자 다시 옛날처럼 자유주의로 돌아가자는 흐름이 생겨 났어. 바로 이것이 1980년대 초 미국과 영국에서 시작된 신자 유주의(neo-liberalism)야. 오래전의 자유주의와 구분하는 의미에서 '새로운'을 뜻하는 'neo'를 붙였지.

고전적 자유주의자들은 경제를 자유시장에 맡기고 비효율적인 국가 개입은 최소화해야 한다고 생각했어. 신자유주의도 이와 비슷해. 정부의 규제 완화, 자유시장 확대, 세금 축소, 민영화 등이 주요 정책으로 추진되었어. 또한 지나친 사회보장이 경제발전을 가로막는다는 이유로, 유럽의 자랑이었던 복지제도를 축소하기 시작했어. 사회복지와 세금을 줄이면 더 많은 경제 활동이 일어나 경제발전에 도움이 된다고 생각했던 거야.

1990년대 초 소련이 붕괴하면서 자본주의의 경쟁 상대가 사라졌어. 세계화가 본격화하면서 자본, 상품, 노동이 국경을 넘어 활발히 이동했고 신자유주의는 전 세계적으로 확대되었어. 글로벌 자본은 지구 곳곳을 자유롭게 오가며 더 큰 이익을 맘껏 추구했지.

'1대 99' 사회와 신자유주의의 한계

신자유주의의 문제는 오래지 않아 드러났어. 무한한 이익을 추구하도록 설계되어 있는 자본은 불평등이나 공동체의 윤리 따위를 고민하지 않아. 통제받지 않는 자본은 양극화, 독점, 구조적 빈곤 같은 문제를 더욱 심화시켰어. 고전적 자유주의가 드러냈던 문제들과 크게 다르지 않은 것들이었지.

급기야 2008년에 글로벌 금융위기가 발생했어. 경제학자들은 그 근본 원인을 금융자본의 탐욕에서 찾았지. 미국 금융자본의 심장부인 월가(wall street)에서 거대한 시위가 잇달아 벌어졌어. 전 세계에서 모여든 시위대가 금융자본을 맹렬히 비판하며 이렇게 외쳤지.

"1%의 거대 금융자본이 99%의 나머지 세상을 지배한다."

고전적 자유주의가 그랬듯 신자유주의 역시 문제점은 분명했어. 자본의 독점과 불평등이 시장경제의 효율과 생산을 떨어뜨리고 민주주의마저 위협한다는 비판이 나왔지. 경제학자들은 자본주의 경제에 궤도 수정이 필요하다고 생각했어. 약탈적인 자본을 규제하고, 서민경제가 무너지지 않도록 사회보장을 강화하고, 소득 불평등의 문제를 해결해야 자유주의 시장경제를 건강하게 유지할 수 있다는 것이었지.

그렇게 자유주의가 한 바퀴를 돌았어. 지난 300여 년을 돌아보며 우리가 던져야 할 질문은 이거야. "자유주의, 좋다! 하지만 누구를 위한 자유일까?" 이제 1%의 거대 자본가를 위한 자유가 아니라 99%의 공동체 전체가 누릴 자유를 이야기할 때야.

다양한 정치현상

어휘력 플러스 ⑤ ｜ 지역감정

정부, 공공기관, 기업 등의 일방적 통제와 관리에서 벗어나, 여러 이해 당사자들의 협의를 통해 주요 정책을 결정하고 집행해나가는 사회적 시스템.

'거버넌스(governance)'는 어떤 문제에 대한 당사자들간의 협의, 의사결정, 운영, 관리 등을 두루 뜻하는 말이야. 번역하면 그 의미가 아리송해져서 거버넌스라는 외국어를 그대로 쓰는 경우가 많아. 요즘엔 무슨 유행어처럼 곳곳에서 쓰이지만, 의미가 통일되어 있지 않아서 한마디로 정의를 내리기가 어려워.

유엔의 정의에 따르면 거버넌스는 의사결정 절차와 의사결정한 것을 실행하는 절차를 말해. 그렇다면 누가, 어떤 방식으로 의사결정을 내리고 실행한다는 걸까?

• 누가? : 거버넌스에서 가장 중요한 건 여러 주체들이 함께 참여한다는 거야. 정부를 중심에 놓고 말하자면, 거번먼트(government, 정부)는 국가 조직만을 가리키지만 거버넌스는 국가 외에도 기업, 시민단체, 여러 공동체들이 포함될 수 있어. 특정 문제에 대해 이해관계를 갖고 있는 다양한 구성원들이 함께 모여서 전체의 일을 결정하고 관리하는 거야.

• 어떻게? : 주어진 문제에 대해 모든 구성원들이 자유롭게 의사

거버넌스가 어떻게 작동하는지 예를 들어보자. 회사의 일은 사장님이 똑똑하다고 혼자 다 결정하는 게 아니야. 이사회, 주주, 직원들의 참여가 반드시 필요해. 회사의 목표가 무엇이고 그 목표를 어떻게 달성할지 구성원들에게 의견을 묻고, 그걸 의사결정에 반영하여 회사를 경영하지. 소비자들의 의견에도 귀를 기울여야 해. 상품의 품질도 중요하지만, 만드는 과정에서 환경이나 인권 같은 윤리적 문제가 없어야 하니까.

한 스포츠 의류 회사의 예를 들어볼게. "이 브랜드의 운동화 디자인과 품질은 정말 최고예요. 근데 파키스탄에서 어린이들을 착취하는 아동 노동으로 만든다던데?" 이런 소문이 나면 즉각 불매운동이 일어나고 기업의 미래가 위태로워지겠지? 그뿐만이 아니야. 제품 생산 과정에서 환경 파괴를 저지르거나 노동자들의 안전관리가 소홀한 것으로 드러나면 그 기업은 치명적인 이미지 손상을 피할 수 없어.

바로 이런 이유 때문에 요즘엔 환경(Environment), 사회(Social), 지배구조(Governance)의 약자인 ESG가 기업 경영의 핵심으로 여겨지고 있지. 많은 기업들이 온실가스 배출량 감소, 기부나 후원 같은 사회적 공헌, 윤리적 경영방침 도입 등을 통해서 ESG를 존중하는 기업으로 인정받기 위해 애쓰고 있어.

학교에서 이루어지는 거버넌스는 어떤 게 있을까? 학교 운영에 선생님, 학생, 학부모, 지역 주민이 함께 참여하는 거야. 가령 운동회를 준비한다고 해보자. 여러 사람들의 아이디어와 의견을 듣고 반영하면 몇몇 선생님들만 모여서 준비하는 것보다 훨씬 재미있는 행사가 되겠지? 초등학교 3학년 어린이도 당당히 자기 의견을 제시할 수 있어. "가을 운동회 종목에 오징어게임과 공기놀이를 추가하면 좋겠어요."

정부가 법률이나 정책을 추진할 때도 거버넌스가 필요해. 어떤 지역에서 공원을 만들 위치를 결정한다고 해보자. 공원의 규모나 시설에 대해 동네 주민들의 의견을 들을 수 있어. 이번엔 중학교 2학년이 나서지. "우리 동네에는 어린이 공원만 5개가 있어요. 그런데 왜 청소년 공원을 만들 생각은 아무도 하지 않는 거죠?"

그 의견이 반영되어 마침내 청소년 공원을 만들기로 결정했어. 이번에는 공원이 환경과 생태에 미칠 영향을 파악하기 위해 환경운동가나 과학자 같은 전문가의 의견을 듣지. 그리고 최종 결정 과정을 투명하게 공개하는 거야.

거버넌스가 주목받는 데는 그럴 만한 이유가 있어. 여러 사람들의 의견과 협력이 필요한 문제들이 예전보다 훨씬 많아졌거든. 기후위기, 고령화, 노인 빈곤, 지방 인구 소멸, 일자리 문제, 교육 격차, 양극화 등을 해결하려면 굉장히 복잡하고 다양한 이해관계를 고려해야 돼. 각 분야 전문가들의 의견도 중요하지만, 그런 문제들의 영향을 직접 받는 구성원들의 참여를 통해서 더 좋은 아이디어나 해결책을 만들 수 있지.

거버넌스는 민주주의 체제와도 호환이 잘 돼. 사람들은 일방적이고 비민주적인 의사결정을 좋아하지 않아. 거버넌스는 구성원들이 의사결정과 실행에 참여하는 과정을 중요시하기 때문에, 참여자들이 민주주의적 효능감과 만족감을 느낄 수 있어. 모두가 동등하게 목소리를 내고, 법과 규칙이 모두에게 차별 없이 적용되지. 또한 소수의 의견도 무시되지 않아. 모든 구성원이 참여함으로써 '그들의 일'이 아니라 '우리의 일'이 되는 거야. 바로 그게 제대로 된 참여민주주의 아닐까?

정치적 무관심

정치에 전혀 관심을 두지 않는 태도. 현실 정치에 대한 혐오, 유권자로서의 정치적 효능감 부족 등에서 비롯된 현상이지만 결과적으로는 지금보다 더 나쁜 정치를 부르는 원인이 된다.

'정치적 무관심'은 말 그대로 시민들이 정치에 관심을 두지 않는 태도를 말해. 공부나 일, 가정 돌보는 일이 바빠서 정치에 마음을 끊었을 수 있어. 또는 정치에 백날 신경을 써봐야 아무것도 바뀌지 않는다고 생각했을 수도 있어. "정치는 썩었고 정치인들은 다 나빠. 이놈이나 저놈이나 다 마찬가지야." 이런 식으로 정치 혐오에 빠져버린 사람도 있지.

정치에 대한 무관심과 무반응이 심해지면 유권자의 의사가 정치에 반영되지 않아. 그러면 나라를 이끌 능력이 없거나, 부패했거나, 헌법과 민주주의를 파괴하는 정치인이 대표자로 선출될 위험이 있어. 그렇게 선출된 권력자가 국민의 뜻을 깡그리 무시한 채 나라를 엉망으로 만들 수도 있지. 정치적 무관심이 확산되는 걸 제일 좋아할 사람도 바로 그런 정치인들이야.

그들이 제일 싫어하는 건 '비판과 감시'야. 국민들이 정치에 관심을 갖기 시작하면 비판과 감시가 사방에서 날아오지. 그러면 그 관심을 다른 곳으로 돌리기 위해 온갖 방법들을 짜내게 돼. 국민들을 어리석은 백성으로 만드는 '우민화 정책'이 시작되는 거야.

쿠데타로 집권한 전두환 정부는 민주화 세력의 저항에 큰 압박을 느꼈어. 그래서 이른바 '3S 정책'을 시작했지. 3S는 스크린(Screen), 스포츠(Sports), 섹스(Sex)의 약자야. 국민들을 스포츠 경기나 야한 영화 등에 몰두하게 함으로써 정치에 대한 관심에서 멀어지게 하려는 거였어. 그러면 민주화 요구가 잠잠해지고 데모도 줄어들 거라는 얄팍한 셈법이었지. 하지만 그 의도대로 되지는 않았어. 당시 한국인들은 프로야구와 영화도 열심히 보고 반정부 시위도 부지런히 했거든. 우리는 원래 근면한 민족이잖아.

3S 정책과 비슷한 게 고대에도 있었어. 빠넴 엣 시르센시스 (panem et circenses). 라틴어로 '빵과 서커스'란 뜻이야. 로마제국은 공짜 빵과 서커스, 검투사, 전차 경주 등으로 시민들을 정치 이슈로부터 멀어지게 했지. 빵 수레가 트랙을 돌면서 관중석의 시민들에게 빵을 던져줘. 정신 없이 빵을 받아먹고 검투사들의 결투와 전차 경주에 빠져들면 불만이 스르르 가라앉고, 사회정의가 뭔지 불평등이 뭔지 생각할 겨를이 없게 돼. '빵과 서커스'는 사회문제에 눈감은 채 개인적인 욕구 충족에만 매달리는 어리석은 대중들을 조롱하는 표현인 셈이지.

우리 시대의 사람들에게는 이렇게 말하고 싶어. "아무것도 포기하지 마! 빵도 먹고 영화와 축구도 재미나게 보자. 그리고 정치를 날카롭게 감시하고 비판하자."

정치에 관심이 없다는 건 우리의 삶에 관심이 없다는 것이나 마찬가지야. 알고 보면 세상 모든 것들이 다 정치적이거든. 우리가 공부하고 일하고 먹고 마시고 노는 모든 것들이 정치와 연결되어 있어. 예를 들면, 20년 전만 해도 노동자들은 주 6일을 일했어. 오랜 정치적 논쟁과 법제화를 거쳐 마침내 주 5일 근무가 이루어졌지. 하지만 야근과 과로는 일상이었어. 그러다

지역감정

지역감정은 지역마다 서로 다른 정치적 입장을 갖는 현상을 말해. 같은 고향 출신의 정치인에게 친숙함을 느끼는 건 자연스러운 일이야. 그런데 이게 과도해지면 심각한 부작용을 낳게 돼. 단순히 특정 정치인이나 정당을 지지하는 걸 넘어서서, 다른 지역 사람들을 미워하거나 심지어 적개심을 품는 경우도 있어.

우리나라는 예로부터 언어, 문화, 인종 차이가 거의 없었기 때문에 지역감정도 별로 없는 편이었어. 박정희 독재 시절이던 1970년대 이후 정치적 목적이나 선거 전략에 의해서 영남과 호남의 지역감정이 인위적으로 조장되었다는 게 일반적인 견해야. 그때 생겨난 지역감정이 점점 굳어져서 오늘에 이르렀다고 보면 돼. 그전까지는 호남 출신이 영남에서, 또는 영남 출신이 호남에서 당선되는 경우가 드물지 않았거든.

"우리가 남이가?"라고 외치며 지역감정을 자극하는 정치는 어떤 문제가 있을까? 가장 큰 위험은 무능한 정치인이 그 지역 출신이라는 이유만으로 뽑힐 수 있다는 거야. 또 다른 문제는 지역 간의 차별, 편견, 혐오를 일으킨다는 거야. 국민통합에 누구보다 앞장서야 할 정치인들이 오직 표를 얻기 위해서 지역감정을 조장하고 편 가르기를 하는 건 매우 무책임한 일이야. 물론 거기에 휘둘리는 것도 아주 어리석은 일이고.

2018년에 주 52시간으로 법정 노동시간이 변경되면서 야근이 차츰 사라지기 시작했어. 정치를 통해 노동자의 휴식권이 확대된 거야.

유능한 정치로 좋은 외교와 무역통상 정책을 펼치면 그 혜택이 기업과 개인에게도 돌아오게 돼. 정치는 당대를 넘어 후손들의 삶에까지 영향을 미치지. 정치를 통해 만들어지는 교육, 연금, 인구, 과학기술, 산업 정책의 방향이 향후 수십 년의 삶을 결정하기 때문이야.

러시아의 우크라이나 침공처럼 많은 이들을 고통에 빠뜨린 사건도 정치적 영역에서 벌어진 일이야. 그런 일이 일어나면 안 되겠지만, 만에 하나 제3차 세계대전이 벌어진다면 그것 역시 정치적 결정이겠지. 핵무기를 쏠지 말지 국민투표를 하는 게 아니라 몇몇 나라의 대통령과 참모들이 결정할 테니까.

그러니 정치에 대해 어떻게 무관심할 수 있겠어? 어떤 정부, 어떤 정치인을 선출하는지가 왜 안 중요하겠어? 정치인을 비난하는 건 쉽지만, 나쁜 정치인을 걸러내지 못한 부정적인 결과는 오래도록 남게 돼. 지금보다 나은 삶을 원한다면 마땅히 정치에 관심을 기울여야 한다는 뜻이야.

대중들이 좋아할 만한 정책을 실시함으로써 지지를 얻는 정치 방식. 정치인으로서 당연한 행동이라고 생각할 수도 있지만, 국가의 재정 상태나 장기적 영향 등을 고려하지 않고 오로지 인기에만 영합하는 정책을 펼 경우 자칫 국가부도 같은 치명적 결과를 낳을 위험이 있다.

'포퓰리즘(populism)'은 '인기 영합주의'라고 번역되기도 하지만 요즘엔 영어 표현을 그대로 쓰는 경우가 많아. 이 단어의 어원은 '사람들'이란 뜻의 라틴어 포풀러스(populus)야. 포퓰리즘은 대중의 뜻을 따르고 대중이 원하는 것을 채워줌으로써 지지와 인기를 얻는 정치 방식을 말해.

말 자체는 나쁜 의미가 아닌 것처럼 보여. 하지만 요즘에는 인기만 좇고 선거 승리만을 노리는 정치인을 가리키는 부정적 의미로 많이 쓰이고 있어. 언론이나 정치인이 다른 정치인을 비판할 때 흔히 쓰는 표현이지. 여기서는 포퓰리즘의 두 가지 측면을 살펴보려고 해.

첫 번째는 선심성 정책을 남발하는 포퓰리즘이야. 정치인들 중에는 선거에서 표를 얻기 위해 듣기 좋은 약속만 늘어놓는 사람들이 많아. 내가 당선되면 이러저러한 복지 수당을 두 배로 늘리겠다, 우리 도시에 새로운 국제공항과 고속도로를 건설하겠다, 갈대밭에 대기업을 유치해서 일자리 10만 개를 만들겠다

등등. 일단 당선되고 보자는 마음으로 현실성 없는 공약들을 마구 쏟아놓지.

실제로 국민들에게 혜택을 주는 정책을 펼치기도 해. 정치란 본래 국민들의 지지를 얻는 활동이고, 복지에 쓰는 돈은 국민들이 낸 세금이야. 정치인이 인기를 노리고 국민들에게 혜택을 주는 것 자체를 비난할 수는 없지. 하지만 국가 재정이나 장기적인 효과를 면밀하게 따지지 않고 인기에만 연연하면 자칫 나라 경제가 악화되는 결과로 이어질 위험이 있어.

그런 포퓰리즘의 사례로 베네수엘라의 차베스 전 대통령을 들 수 있어. 베네수엘라는 엄청난 양의 석유가 매장되어 있는 세계 최대의 산유국이야. 차베스는 그 수익으로 가난한 국민들에게 교육, 의료, 주택을 무상으로 공급해주었어. 덕분에 대통령의 인기는 하늘을 찔렀지만, 문제는 나라 경제를 장기적으로 이끌어갈 계획이 부족했다는 거야. 결국 국제 유가가 떨어지면서 국가 재정은 파탄 나고 경제는 곤두박질쳤어. 차베스는 자원을 효율적으로 이용해서 나라를 발전시키기보다 자신의 인기와 정권 유지에만 몰두했다는 비난을 들어야 했지.

두 번째는 다른 인종과 종교, 이민자 등에 대한 혐오를 부추기는 포퓰리즘이야. 마치 사회의 모든 문제가 그들 때문에 생긴 것처럼 책임을 전가하지. 대중들의 불만과 분노를 사회적 약자와 소수 집단에게 돌리는 아주 위험하고 악랄한 태도야. 예를 들어, 유럽의 극우 포퓰리즘 정당들은 반(反)이민 정책을 핵심 주장으로 내세우고 있어.

"외국인이 우리 일자리를 빼앗고 있다" "외국인 범죄 때문에 불안하다" "피 같은 우리 세금을 이민자들에게 퍼준다" "불법 이민자를 추방하고 우리끼리 더 살기 좋은 나라를 만들자" 등등. 그러면 그런 선동에 넘어가서 정말로 이주 노동자들 때문에 일자리가 사라지고 월급이 깎이고 동네도 위험해진다고 믿게 된 사람들이 극우 정당에 투표하지. 최근 유럽에서 극우 정당들이 세를 늘려가는 건 사회가 그만큼 불안하다는 반증이야.

미국의 트럼프 대통령도 포퓰리즘에 진심인 지도자로 꼽혀. 그걸 상징적으로 보여주는 게 바로 "미국을 다시 위대하게! (Make America Great Again. MAGA)"라는 정치 구호야. 미국의 이익이 최우선이라며 트럼프는 이렇게 말하지. "미군의 보호를 받는 한국과 대만에 더 많은 방위비를 내게 하겠다." "관세를 높여서 다른 나라 회사들이 미국에 공장을 짓게 하겠다." "멕시코의 불법 이민자를 막을 국경 장벽을 세우겠다."

어떤 사회건 이런 말에 열광하고 표를 던지는 사람들은 늘 있게 마련이야. 생활이 팍팍해질수록 그런 사람들의 수도 그만큼 증가하지. 바로 그게 포퓰리스트 정치인들이 등장하는 사회적 배경이 되는 거야.

어리석은 군중에 의한 정치라는 뜻. 다수결은 민주주의의 기본 원리지만 다수가 항상 옳은 것은 아니며, 다수의 결정이 나쁜 결과를 불러올 수도 있다. 즉, 민주주의는 늘 중우정치의 위험을 안고 있다. 이를 바로잡기 위해 필요한 것이 바로 다양한 견제와 감시 장치들이다.

'중우'는 '무리 중(衆)'에 '어리석을 우(愚)', 즉 '어리석은 사람들의 무리'를 뜻해. 그러니까 중우정치는 어리석은 군중의 정치야. 어리석은 다수에 의해 정치가 휘둘리는 것을 의미하지.

다수결의 원칙은 민주주의 의사결정에서 핵심적인 요소들 중 하나야. 하지만 자칫 중우정치로 흐를 위험성을 내포하고 있기도 해.

우리 학급의 체육대회 단체 티셔츠 디자인을 결정한다고 해 보자. 공부 1등인 광찬이, 패션 감각이 뛰어난 지윤이, 축구 선수 시환이가 저마다의 의견을 내놓지. 누구의 뜻에 따르건 불만이 생길 거야. 그럴 때 다수결은 가장 깔끔한 해결책이야. 다수결로 정한 것은 공정하다고 다들 믿고, 결과에도 잘 승복하는 편이야.

하지만 다수결의 결정이 항상 옳을까? 답은 "그렇지 않다"야. 선거에서 다수결로 뽑아놓은 괴상한 지도자들이 그 증거야. 때로 사람들은 민주적 절차를 통해서 최악의 인물에게 권력을 넘기기도 해. 히틀러도 독일인들의 민주적인 선거로 뽑힌 지도

자야. 파시즘 국가를 만든 이탈리아의 무솔리니도 선거를 통해 합법적으로 정권을 잡았어. 둘 다 대중들의 열렬한 지지를 받았지. 하지만 그 선택이 옳지 않았음은 이후 역사에서 분명하게 드러났어.

히틀러는 좀 극단적인 사례이긴 해. 하지만 오늘날 민주주의 국가에서도 국가를 통치할 실력이 부족하고 사리사욕이나 추구하고 심지어 머리도 나쁜 사람이 지도자로 선출될 수 있어. 물론 우리나라도 예외가 될 수는 없겠지.

다수의 선택은 틀릴 수 있어. 다수는 잘못된 결정을 할 수 있어. 이것은 분명한 사실이야. 대중들이 잘못된 정보에 속거나 감정에 휩쓸려 비이성적인 판단을 하는 경우가 있기 때문이지.

플라톤은 민주정치가 민중의 무지와 이기심 때문에 중우정치로 전락할 수 있다고 우려했어. 대중은 변덕스럽고 예측 불가능하며, 군중심리에 휩쓸려 불합리한 의견에 사로잡힐 수 있다고 보았던 거야.

그렇다고 민주주의와 다수결의 원리를 폐지할 수는 없어. 예나 지금이나 대중들은 소수의 독단적인 의사결정을 따르는 데 거부감을 느끼기 때문에, 다수결의 원리는 계속 살아남게 될 거야. 다만 다수가 잘못된 결정을 내릴 가능성을 늘 염두에 두고, 민주주의가 비정상으로 흘러갈 때 이를 즉시 바로잡을 수 있는 장치를 마련해야 해.

민주주의에는 삼권분립과 같이 권력을 견제하고 제한하는 장치가 있어. 또 헌법과 법률은 권력 행사의 구체적인 절차와 한계를 정하고 있어. 설령 실수로 이상한 지도자를 뽑았더라도 그가 자의적으로 행동할 여지를 최소화하는 장치인 셈이지. 만약 지도자가 헌법을 무시하고 권력을 남용하려 할 때는 이를 차단할 수도 있어. 2024년 12월 3일 대통령의 불법적인 계엄 선포를 국회가 두 시간 만에 해제한 것이 대표적인 사례야. 물론 계엄군의 국회 진입을 가로막은 용감한 시민들이 있었기에 가능한 일이었지만.

이런 민주적 장치들이 있다고 해도, 제일 중요한 건 국민들이 '중우'가 되면 안 된다는 거야. 주권자인 국민이 '어리석은 무리'가 되면 곤란하지 않겠어?

우리 각자가 날카로운 비판 능력과, 부적절한 지도자를 걸러내어 퇴출시킬 수 있는 밝은 눈을 가져보자. 그런 다음 플라톤에게 반론을 제기해보자. 지금은 2,500년 전과는 다르다고, 이제 알 만큼 안다고, 우리는 절대 어리석지 않으며 꽤 똑똑한 주권자들이라고 말이야.

레 임 덕

'레임덕(lame duck)'은 '다리를 절뚝거리는 오리'를 뜻해. 여우가 나타나서 모두 도망가는데 혼자만 뒤처진 오리를 상상해 봐. 곧 잡아 먹힐 가엾고 불쌍한 신세지.

레임덕은 원래 18세기 영국에서 채무를 못 갚게 된 증권 거래인을 가리키는 말이었어. 하지만 지금은 '힘이 빠진 권력자'라는 은유적인 의미로 널리 쓰이고 있지. 임기가 거의 끝나고 후임자까지 선출된 후에 힘이 약해진 대통령, 또는 총리를 떠올리면 돼.

우리나라의 경우 대통령 선거에서 당선된 후보자가 취임하기까지 2개월 정도 시간이 남아 있어. 이 기간 동안 현직 대통령은 신분상으로는 여전히 최고 권력자이지만 이전처럼 막강한 권한과 역할을 발휘하지는 못해. 심지어 대통령의 고유한 권한인 인사권조차도 마음대로 사용하지 못하고 후임자의 눈치를 봐야 해. 곧 물러날 대통령보다 새로 취임할 대통령에게 사람들의 관심이 쏠리는 건 어쩌면 당연한 일이지.

꼭 퇴임 직전이 아니더라도, 대통령이 뭔가 큰 정책적 실패를 겪거나 인기가 추락하면 레임덕이 찾아올 수 있어. 지지율은 겨우 10% 안팎에 머물고 권위도 추락해서 대통령의 명령이 제대로 먹히질 않지. 레임덕을 '권력 누수 현상'이라고도 해. 누수는 물이 샌다는 뜻이야. 지지율이 바닥을 맴돌다 보니 권력이 '낡은 지붕에서 빗물 새듯' 줄줄 새는 거야.

학교에서 가장 무서운 선생님은 누굴까? 옛날에는 몽둥이를 들고 다니며 교칙 위반을 단속하는 학생부 주임 선생님이 공포의 대상이었어. 그 선생님이 하나도 안 무서워지는 순간은 언제일까? 선생님이 전근이나 정년퇴임을 일주일쯤 앞두고 있다면 그렇게 되지 않을까?

레임덕이 더 심각해지면 어떻게 될까? 절뚝거리던 오리는 결국 쓰러져 죽게 돼. 데드덕(dead duck). 말 그대로 죽은 오리야. 데드덕은 권력자가 너무 무능하거나 치명적인 잘못을 해서 지지율이 0에 가깝게 내려간 상태야. 이미 권력을 잃어버린 것과 다를 바가 없게 되는 거지.

'권력 무상'이라는 말이 있어. 권력을 휘두를 때는 영원할 것 같지만 반드시 그 끝이 온다는 것, 그리고 권력을 남용하면 여론과 역사의 심판을 받고 감옥에도 간다는 것을 기억하며 권력자는 늘 겸허하고 조심스러워야 해.

권력에서 물러난다고 반드시 그 끝이 안 좋은 것은 아니야. 퇴임 후에도 여전히 존경받는 지도자들도 있어. 우루과이의 호

세 무히카 대통령은 재임 기간_(2010~2015) 내내 대통령 월급의
90%를 가난한 서민들을 위해 기부했고, 퇴임 후에도 국민들의
큰 사랑을 받고 있어. 번듯한 관저를 마다하고 허름한 농장에
살며 낡은 차를 몰고 다녀서 '세상에서 가장 가난한 대통령'이
라는 별명이 붙기도 했지.

물론 모든 대통령들이 다 그럴 수는 없고 굳이 그럴 필요도
없어. 중요한 건, 레임덕도 데드덕도 없는 훌륭한 대통령을 우
리도 가지고 싶다는 거야.

사회적 소수자나 약자에 대해 차별적 표현을 쓰지 않으려는 태도. 사람들
이 무심코 사용하는 언어 속에 인종, 성별, 장애 등에 대한 차별의식이 담
겨 있음을 지적하고 그런 현실을 개선하는 데 크게 기여했지만, 정치적 올
바름에 대한 과도한 집착이 오히려 표현의 자유를 제약한다는 비판 또한
함께 받고 있다.

'정치적 올바름'은 인종, 문화, 성별, 종교 등을 이유로 소수
자나 사회적 약자에 대한 차별적 표현을 쓰지 않는 것을 말해.
영어로는 'political correctness'인데, 약자로 'PC'라고 쓰는 경
우도 많아. 물론 굳이 그런 표현을 쓰지 않아도 원래부터 올바
른 말과 행동을 하는 사람들도 있지. 올바름이라는 말 앞에 '정

치적'이라는 수식어가 붙는 것은, 언어나 관습에 담긴 의식적·무의식적 차별이 궁극적으로는 정치적 문제라는 것을 강조하기 위해서야.

1980년대까지는 안경을 쓴 어린이들이 그리 많지 않았어. 안경을 쓰면 곧잘 '안경잡이'라는 놀림을 받곤 했지. 지금은 여기도 안경, 저기도 안경이어서 그런 별명이 통하지 않지만, 아무튼 그때는 그랬어. 뚱보, 갈비씨, 깜상, 숏다리처럼 외모를 비하하는 말들도 흔했지. 하지만 요즘에는 이렇게 외모로 사람을 놀리면 안 된다는 인식이 널리 퍼져 있어. 정치적 올바름이 현실에 정착된 좋은 사례라고 할 수 있지.

정치적 올바름은 차별적인 말을 바꾸는 것부터 시작돼. 가장 흔한 예는 인종차별이나 성차별 의식이 담긴 표현이야. 옛날 영어 교과서에는 '사람'의 3인칭 단수가 'man'이라고 적혀 있었어. 지금도 사전에는 'man'이 남자, 사람, 인류라고 풀이되어 있지. 하지만 언젠가부터 "남자만 사람이고 남자만 인류를 대표하는가?"라는 질문이 제기되기 시작했고, 지금은 남녀 구분이 없는 'person'이 '사람'의 3인칭 단수로 널리 쓰이고 있어.

예전에는 인종이나 국적을 비하하는 말도 일상 대화에 흔히 쓰였지만 지금은 많이 줄어들었지. 누군가 깜둥이(흑인 비하), 짱깨(중국인 비하), 쪽발이(일본인 비하) 같은 말을 쓴다면, 그 말을 쓰는 사람의 인품과 상식을 의심하게 돼.

정치적으로 올바른 언어 표현을 하려면 그 말을 쓰는 사람이 아니라 듣는 사람의 입장에서 생각해야 돼. 내게 그런 의도가 없더라도 혹시 상대방의 마음을 상하게 하는 말은 아닌지 생각해볼 필요가 있어. 우리가 무심코 쓰는 표현들, 어떤 직업이나 질병 또는 출신 지역을 가리키는 말에 차별적인 의미가 담겨 있을 수 있거든. 그런 표현들을 바꾸고 순화하려는 노력으로 다음과 같은 새로운 말들이 자리잡기도 했지.

때밀이 ⇨ 세신사
결손가정 ⇨ 한부모가정
저능아 ⇨ 지적장애인
탈북자 ⇨ 새터민
청소부 ⇨ 환경미화원

말을 바꾸는 노력은 그 자체로 부정적 편견과 차별을 걷어내는 효과가 있어. 말이 바뀌면 우리의 의식도 바뀌니까. 하지만 여기까지는 절반만 성공한 거야. 말뿐 아니라 태도와 행동까지도 바뀌어야 해.

가령 귀머거리를 '청각장애인'으로, 절름발이를 '지체장애인'으로 바꿔 부른다고 해서 장애인에 대한 우리의 편견이 곧바로 사라지지는 않아. 그런 편견은 말뿐 아니라 우리 마음속에도 깊게 자리 잡고 있으니까.

노숙자를 '일시적으로 떠도는 사람(temporarily displaced)'이라 부른다고 양극화 문제가 개선되지는 않아. 노인을 '어르신(senior citizen)'으로 바꾼다고 노인 빈곤이 해결되지도 않아. 탈북자를 '새터민'으로 바꾸어도 그들에 대한 편견과 소외는 그대로 남아 있어.

따라서 언어뿐 아니라 관습과 문화를 바꿔야 하고, 차별과 편견을 재생산하는 사회구조 자체를 뜯어고쳐야 해. 실제로 정치적 올바름은 사회적 관습과 제도를 개선하는 노력으로 이어졌어. 직원 채용에서 여성과 장애인 비율을 높이고 대학 입시에서 사회적 약자를 배려하는 전형을 실시하는 것 등을 예로 들 수 있지.

정치적 올바름이 극복해야 할 또 다른 한계가 있어. 지금까지 얘기한 사례들과는 반대로, 정치적 올바름에 지나치게 집착하는 경우야. 자신의 기준만이 옳다고 강요하면서 다른 사람의 판단을 제한하는 사례가 종종 생기곤 하지.

어느 출판사가 『찰리와 초콜릿 공장』의 인물 묘사에 쓰인 '뚱뚱한'이란 단어를 '거대한'으로 바꾼 일이 있었다고 해. 인종차별을 다룬 소설 『앵무새 죽이기』에 등장하는 '깜둥이'라는 번역(원문은 'nigger')이 문제가 된 적도 있었지. 외모 비하나 흑인 비하 때문에 독자들이 불쾌함을 느낀다는 이유였는데, 어떤 한 시대의 현실을 반영한 문학작품의 표현을 꼭 그렇게 바꿔야 하는 걸까?

옛날 인형들은 대부분 금발에 하얀 얼굴이었어. 요즘에는 인종별로 특성을 살린 인형들이 나오기도 하지. 이런 변화는 아주 자연스러워.

그런데 디즈니의 〈인어공주〉 실사판 애니메이션에 흑인 아리엘이 등장했어. 원작의 아리엘은 백인이거든. 또 〈백설공주〉 실사판 애니메이션에는 피부색이 짙은 라틴계 백설공주가 나왔어. 백설공주라는 제목(원제 'Snow White') 자체가 '새하얀 눈 같은 아이'라는 뜻인데 원작 캐릭터를 무시하고 꼭 그래야만 했을까? 정치적 올바름에 너무 집착하느라 예술과 표현의 자유가 억눌린 건 아닐까?

이런 사례들 때문에 간혹 정치적 올바름에 대한 우려가 생기기도 해. 정치적 올바름은 분명 우리 사회의 차별과 편견을 교정하는 순기능이 있어. 하지만 어떤 원칙과 틀에 지나치게 매여 있을 필요는 없어. 올바름의 기준이 억지스럽지 않게, 상식과 품위를 갖춘 사회 구성원들에게서 자연스럽게 흘러나오는 것이면 좋겠어.

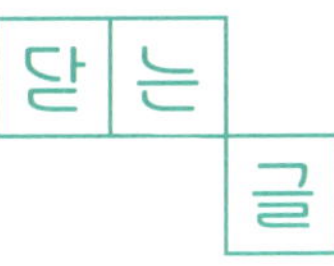

정치는 시시각각 새로운 고민거리를 던집니다.

우리나라에서는 12.3 불법계엄에 대한 수사와 재판이 진행 중입니다. 미국의 트럼프 대통령은 변덕스런 관세 정책으로 세계무역 질서를 어지럽히고, 이민 정책에 반대하는 시위를 '폭동'으로 몰아붙이며 군대를 보냅니다. 러시아가 우크라이나를 침공하면서 시작된 전쟁은 3년이 지나도록 끝날 줄 모르고 공방이 진행 중입니다.

우리가 아직 어리다고, 시험 공부가 바쁘다고 정치에 귀를 막고 지낼 수는 없죠. 우리 현대사를 돌아보면 독립운동, 반독재 시위, 민주주의 혁명의 한복판에 중·고등학생들이 늘 함께 해왔습니다. 4.19 혁명 때는 초등학생들까지 거리 시위에 나섰죠. 날마다 벌어지는 정치적 사건들이 우리 삶과 어떻게 연결되는지 관심을 놓지 않으면 좋겠습니다.

여러분들은 곧 정치의 세계에 첫발을 내딛게 됩니다. 유권자로서 직접 국민의 대표를 선출하게 되지요. 어떤 정치인을 뽑느냐에 따라 우리의 삶은 냉탕과 온탕을 오가듯 영향을 받습니다. 좋은 지도자와 유능한 정부를 선출하는 것은 우리의 권리이자 의무입니다.

"모든 국민은 그들의 수준에 맞는 정부를 가진다"는 유명한 말이 있습니다. 유능한 정부를 갖고 싶다면 해야 할 일은? 우리가 먼저 똑똑하고 유능한 유권자가 되어야겠죠.

"정치인들 다 맘에 안 들어. 그냥 내가 직접 등판할래."

혹시 이런 생각을 해본 미래의 정치인 후보가 있나요? 그 꿈을 열렬히 응원합니다.

정치 참여는 나의 생각을 드러내고 표현하는 과정이기도 합니다. 책과 뉴스 기사를 읽으며 정치에 관한 상식을 차곡차곡 쌓아보세요. 나의 반짝이는 생각들을 가족이나 친구들과 나눌 수도 있죠. 누군가 머리에 넣어준 생각이 아니라, 스스로가 직접 고민하고 골라낸 생각을요. 나와 전혀 다른 의견을 가진 사람들과의 토론도 의미 있는 순간입니다. 그 모든 것들이 정치적 경험이고, 훈련이며, 민주주의 사회의 시민으로 성장하는 과정이니까요.

언제나 자신만의 기준으로 올바른 정치적 관점을 키우는 여러분이 되기 바랍니다.

민주주의를 살리는 십자 낱말 퍼즐 1

가로

① 시민들이 떨쳐 일어나 낡은 체제를 무너뜨리거나 독재자를 몰아내는 혁명.

② 주권이 국민에게 있는 나라. "대한민국은 민주○○○○이다."(대한민국 헌법 제1조 1항).

③ 공동체 구성원들이 대표자를 뽑아 자신들의 뜻을 대변하도록 하는 정치 제도.

④ 헌법을 최종적으로 해석하는 기관. 법률의 위헌성, 대통령 탄핵 여부 등을 결정한다.

⑤ 국가 권력을 입법, 사법, 행정으로 분리하고 서로 견제하게 하여 권력 남용을 막는 제도.

세로

❶ 고대 아테네에서 시작되어 오늘날 대부분의 국가들이 실시하고 있는 정치 제도.

❷ 국가나 공공기관의 공적인 힘. 주권자인 국민이 국가에 부여한 수단이다.

❸ 영토와 국민, 그리고 주권에 기초한 통치기구를 갖는 사회집단.

❹ 헌법의 내용을 고치는 일. 가장 최근의 ○○은 1987년에 있었다.

❺ 정치와 종교의 분리. 대한민국 헌법에도 이 원칙이 담겨 있다.

❻ 오직 법이 정한 바에 따라서만 국가를 운영한다는 원칙.

민주주의를 살리는 십자 낱말 퍼즐 2

① 동일한 정치적 의견을 지닌 사람들로 구성된 단체. OO당, △△당, XX당…

② 의회를 둘로 나눈 양원제에서 각각의 의회를 부르는 말. OO과△△

③ 자유권, 평등권, 참정권처럼 모든 국민에게 당연하게 주어지는 기본적 권리.

④ 대통령을 중심으로 국정이 운영되는 정치 제도.

⑤ 개헌 등 국가의 중대사를 결정하기 위해 국민들의 의견을 묻는 투표.

⑥ 정부나 기업에서 여러 이해 당사자들의 협의를 통해 정책을 결정하는 시스템.

❶ 사회적 약자에 대해 차별적 표현을 쓰지 않으려는 태도. 줄여서 'PC'라고 한다.

❷ 의회 다수당 대표가 총리를 맡고 그 당의 의원들로 내각을 구성하는 정치 제도.

❸ 주권자인 국민이 부당한 권력에 맞서 저항할 권리. 4.19, 5.18 등이 대표적 사례다.

❹ 사회공동체 일원으로서 헌법적 권리와 의무를 갖는 자유인. '국민'보다 능동적이고 주체적인 개념이다.

❺ 공동체 구성원들이 투표를 통해 대표자를 선출하는 제도.

정답 1

시	민	혁	명				공	화	국
	주						권		가
	주						력		
대	의	제			개				
			정		헌	법	재	판	소
			교			치			
	삼	권	분	립		주			
			리			의			

정답 2

정	당								의
치					상	원	과	하	원
적			개						내
올			항						각
바		기	본	권		대	통	령	제
름									
	시					선			
국	민	투	표			거	버	넌	스

헌법 공포식

BLACK LIVES MATTER
BLACK LIVES MATTER
BLACK LIVES MATTER
BLACK LIVES MATTER
Justice For